APPUNTI DI STORIA DEL DIRITTO CANONICO

Graziano D'Urso

2020

Appunti di Storia del Diritto Canonico

© 2020 Graziano D'Urso

Tutti i diritti riservati. La riproduzione, anche parziale e con qualsiasi mezzo, non è consentita senza la preventiva autorizzazione scritta dell'autore

Lulu.com, Morrisville, NC.

ISBN: 978-0-244-26704-9

INTRODUZIONE

Questo libro vuole essere una raccolta di lezioni di storia del diritto canonico in forma di appunti. Un testo suddiviso in ventuno lezioni trascritte nell'a.a. 2010/2011 presso la facoltà di Giurisprudenza dell'Università degli Studi di Catania.

Il curatore pertanto declina ogni responsabilità per il contenuto e la correttezza scientifica delle lezioni.

Febbraio 2020

1. Distinzione tra *Ius Canonicum* e *Ius Ecclesiasticum*

Il Diritto Canonico regola l'ordinamento interno della Chiesa Cattolica romana, invece il Diritto Ecclesiastico regola i rapporti tra la Chiesa e lo Stato italiano. Il Diritto Canonico (e la sua Storia) ha a che fare con una confessione religiosa. Il Diritto ecclesiastico è invece un diritto secolare che regola materie religiose, è un diritto ibrido: norme positive, trattati, concordati, etc.

Il primo è il Diritto delle regole della confessione, il secondo è un diritto dello Stato. Il Diritto Ecclesiastico regola i rapporti anche con altre confessioni religiose, ma anche lo stesso ateismo. La Chiesa nella Storia è sempre e costantemente venuta a in rapporto con gli Stati e con gli ordinamenti "civili". *"Ecclesiasticus"* è un termine imperfetto per essere utilizzato in relazione ai diversi culti. La Chiesa nella Storia ha prodotto Diritto che si sovrappone a quello dello Stato. Mentre non si può sfuggire alla regolamentazione dello Stato, lo si può fare di quella canonica, semplicemente non essendovi soggetti (non battezzandosi).

Dal greco "Kanòn", al latino "Cànon", all'italiano "Canone", il significato di questo termine è: canna, misura, regola, regolo, norma. Canone in senso stretto della storia della Chiesa è una delibera di un Concilio (riunione di Vescovi a potestà legislativa), ma in senso lato è una norma ecclesiastica. Il Diritto Ecclesiastico ha questa denominazione per ragioni storiche: *ius ecclesiasticum* (XVII sec.): lo Stato cominciò a formulare norme in materia religiosa (della Chiesa Cattolica e della Riforma) in un clima giuspositivista in cui solo le leggi dello Stato sono vigenti. Fino al XVII sec. i due diritti erano concorrenti, ma a partire dall'800 lo Stato ha avuto il monopolio del Diritto.

Il matrimonio concordatario prevede che il matrimonio religioso abbia effetti per lo Stato. Prima del concordato era in vigore il Codice Civile del 1865 che prevedeva rilevanza solo per quel matrimonio celebrato di fronte ad una pubblica autorità, e gli italiani avrebbero dovuto celebrare duplici nozze (per aver effetti in entrambi ordinamenti. *"in utruque iure"*). Prima del 1865 la Chiesa aveva il monopolio, e lo Stato si limitava alle regolamentazioni patrimoniali. Si è passati da un regime di concorrenza tra i due diritti ad uno di monopolio.

L'Art. 7 Cost.[1] prevede l'indipendenza della Chiesa dallo Stato, ma per i primi 1800 anni vi fu piena

---

[1] Lo Stato e la Chiesa cattolica sono, ciascuno nel proprio ordine, indipendenti e sovrani. I loro rapporti sono regolati dai Patti Lateranensi. Le modificazioni dei Patti accettate dalle due parti, non richiedono procedimento di revisione costituzionale

concorrenza. A partire da Costantino i chierici avevano il diritto ed il dovere d'essere giudicati dal tribunale ecclesiastico (Privilegio di foro): sul suolo italiano (Regno di Piemonte e Sardegna) è stato abolito nel 1850 e recepito nel Regno d'Italia. Lo spazio che la Chiesa ha nella Repubblica italiana è quella che la Repubblica le concede, e solo perché è decisione (volontà) dello Stato.

Adesso il Diritto della Chiesa si presenta codificato, e la codificazione è un fenomeno recentissimo, più che degli Stati (in cui iniziò nel '700 e fiorì con Napoleone). I codici hanno la pretesa di racchiudere tutto il diritto di quella materia, lasciando al passato tutto il sistema delle fonti precedenti (a meno che non si faccia ad esse espresso richiamo). La Chiesa ha seguito piuttosto tardivamente l'orientamento dello Stato (1917 voluto dal Pio X e promulgato da Benedetto XV, per questo chiamato Pio-Benedettino).

Questo *Codex Iuris Canonici* è stato sostituito nel 1983 con un nuoco *Codex* promulgato da Giovanni Paolo II, il quale ha promulgato anche il Codice dei Canoni delle Chiese Orientali (Cattoliche) nel 1990. Il primo per la Chiesa latina, l'altro per la Chiesa greca-bizantina-orientale. Giovanni Paolo II riteneva essere questi i "due polmoni della Chiesa Cattolica". Il nuovo

Diritto sostituisce quello precedente con tutte le sue fonti: il *Corpus Iuris Canonici*.

2. *Corpus Iuris Canonici* e fondazione della Chiesa

Il diritto della Chiesa si presenta ad oggi come un diritto codificato con i due codici promulgati da Giovanni Paolo II: *Codex Iuris Canonici* e Codice dei canoni delle Chiese orientali (Chiesa greco-bizantina). La vicenda della codificazione è una vicenda recente: 1800-1900. La Chiesa è giunta un po' più tardi rispetto agli Stati e questo nuovo codice spazza via tutte le legislazioni precedenti: tutte le norme di diritto precedenti vengono consegnate alla storia. Le norme del Codice del 1917 si ispira certamente al *Corpus Iuris Canonici* ma lo mette di canto.

Fino all'entrata in vigore del Codice Pio-Benedettino vi erano le fonti del Diritto Comune della Chiesa (comune a tutta la Chiesa) contenute nel *Corpus Iuris Canonici* che sono cominciate ad essere raccolta dal XII sec.: *Decretum Gratiani* (1139), *Liber Extra* (Decretali di Gregorio IX – 1234), *Liber Sextus* (Bonifacio VIII - 1298), *Decretales Clementinae* (Giovanni XXII – 1317), *Extravagantes* di Giovanni XXII e *Communes* (Giovanni Chappuis 1503).

Un altro corpo di norme è stato emanato dal Concilio tridentino (1545 – 1563), che il collegio episcopale messe in atto per rispondere alla riforma protestante. Ma tutto ciò venne accantonato nel 1917, ma fino a quella data resse la Chiesa. Il Diritto Comune della Chiesa trovava il suo significato nella formazione dei giuristi per circa 800 anni: 1139 – 1917. In qualsiasi facoltà europea si studiava questo *corpus* normativo al fine della preparazione per la professione legale: il diritto positivo era il medesimo in tutto Europa seppur modellato dai diritti locali.

Il fondamento della formazione e della cultura giuridica di tutta Europa è proprio questo *corpus,* ma la situazione cambia con l'avvento delle codificazioni, e le legislazioni si differenziano notevolmente l'uno dall'altro. Gli ordinamenti politici non avevano la pretesa del monopolio del Diritto, ed il Diritto della Chiesa concorreva alla formazione dei giuristi. La commistione dei due diritti prendeva il nome di *"Utrumque ius".*

Un importante giurista tedesco protestante, Rudolph Sohm, si chiese la necessità del Diritto della Chiesa: la risposta che si diede era concentrata sulla contingenza del diritto in quanto la Chiesa è spirituale ed il diritto non può comandare lo Spirito: sarebbe una sovrapposizione nei confronti della dimensione dello spirito e dell'amore. Quest'edificio per lui era un frutto dello sviluppo storico poiché la Chiesa si era andata organizzando in questo modo, ma il Diritto non sarebbe una dimensione intrinseca della Chiesa, ma estrinseca, una invenzione degli uomini, piuttosto che una risposta alla chiamata di Cristo.

E se il Diritto è incompatibile con la Chiesa allora è frutto dell'arbitrio degli uomini all'interno della Chiesa. Questa tesi di Rudolph Sohm venne contestata dal fronte cattolico, ma in generale anche gli stessi protestanti l'hanno riprovata: ma questi tesi produce comunque testo. Venne ritenuto quindi che il Diritto non coincidesse con la volontà di Dio.

Il termine "Chiesa" viene dal latino *"Ecclésia"*, dal greco *"Ekklesìa"* (Dal verbo *"Kaléo"*: chiamare) e vuol dire: assemblea, riunione. Questa radice semantica è molto significativa; la Chiesa la si può definire comunità, società che però si distingue da una aggregazione puramente umana: non è stata istituita dall'uomo, non è il frutto di una spontanea aggregazione. Non c'è un contratto sociale, non c'è un patto, non c'è una creazione umana nella nascita di questa Società: essa nasce da una chiamata. E' una società, ma prima ancora è una istituzione: è stata istituita da Cristo. La Chiesa è la società di coloro che hanno risposto alla chiamata: la partecipazione a questa società si ha attraverso il sacramento del battesimo, e coloro che ricevono tale sacramento prendono il nome di fedeli.

Il sacramento del Battesimo è nella tradizione teologica e canonica "*ianua sacramentorum*": il primo (la porta) dei sacramenti, che rende l'uomo membro della Chiesa. Gli apostoli sono coloro i quali per primi hanno risposto alla chiamata: si capovolge la teoria di Sohm: è Cristo che porta ad esistenza (da Capo) una società. Siamo di fronte ad un fenomeno sovrannaturale, ma la comunità organizzata ha le regole della sua vita al suo interno. Una comunità con un minimo di organizzazione è una società giuridica, e la natura del Diritto risiede proprio qui, e non già nella coazione.

Il Diritto appartiene alla Chiesa; essa stessa ha una sua costituzione: l'uomo coopera col divino nell'organizzazione della sua società fondata. La Storia si approssima alla verità ed alla giustizia, ma da una radice divina. Il nucleo primario della Chiesa è il gruppo dei dodici apostoli; apostolo deriva dal latino "*Apostolus*", dal greco "*Apostolos*", dal verbo "*Apostello*" che significa mandato.

Nella ricostruzione giuridica che si dà di queste missioni date prima di tutto agli apostoli, ne sono indicate come tre: santificare, insegnare e governare. Santificare: rendere l'uomo "santo", il fine della Chiesa è sovrannaturale, e il *munus* di santificazione si attua mediante l'amministrazione di segni sensibili: i sacramenti; il fine è la *salus animarum*: la santificazione passa attraverso la vita dei membri della società.

E' necessario che nella Chiesa vi sia qualcuno che insegni: c'è la dimensione dell'autoritario insegnamento, ma anche la dimensione (*munus*) del governo. E' necessaria una organizzazione al fine di controllare questi diversi "mandati" questi "uffici": il diritto è indispensabile. La dimensione del governo c'è in chi fa parte di una confessione religiosa volente o nolente. Nella Chiesa Cattolica Apostolica Romana esiste un Papa, dei Vescovi che hanno poteri di governo.

Nella Storia le punizioni hanno avuto una ponderazione differente. La Chiesa è una società che si deve dare un'organizzazione al fine dell'amministrazione del Governo. Questi sono i *"Tria Munera"*: *Santificandi, Docendi, Regendi*. La Chiesa la si deve considerare come una assemblea, e si comincia a parlare di assemblea già dall'Antico Testamento, ma solo nel nuovo trova attuazione, maggiormente nel Vangelo di Matteo. Questo concetto di "Chiesa" poche volte viene richiamato nel Nuovo Testamento; si parla più che altro di Regno di Dio proiettato nel mondo trascendente, nella vita ultraterrena. Cristo utilizza questa parola in alcuni passi tra cui Matteo 16, 18.

E' una Chiesa di Cristo ("su di te edificherò la Mia Chiesa")[2], identificata anche come piccolo "gregge", attribuendo ad esso un "Regno". Questa metafora della pastorizia identifica Cristo un pastore, e gli apostoli un gregge. C'è pure un'altra metafora con carattere spiccatamente giuridico: la Chiesa è rappresentata come Corpo di Cristo[3], e la visione corporativa è tipica delle nostre concezioni giuridiche. L'idea di un *corpus* è un'idea con razionalità interna con un'organizzazione. Questa è la rappresentazione più evidente dove esistono diversità di funzioni (e di carismi). La Chiesa è fondata, edificata da Cristo sotto la metafora del gregge, del corpo, dell'assemblea, etc.

Dunque se la Chiesa nel momento in cui sorge si articola su queste radici che sono la volontà di Cristo: l'inizio della sua predicazione è dato dal Battesimo ricevuto nel Giordano da San Giovanni Battista.

I Vangeli sinottici sono quelli di Matteo, Marco e Luca (sovrapponibili, a partire dalla stessa prospettiva,

---

[2] E io ti dico: Tu sei Pietro e su questa pietra edificherò la mia chiesa e le porte degli inferi non prevarranno contro di essa. A te darò le chiavi del regno dei cieli, e tutto ciò che legherai sulla terra sarà legato nei cieli, e tutto ciò che scioglierai sulla terra sarà sciolto nei cieli "

[3] Come infatti il corpo è uno solo e ha molte membra, e tutte le membra del corpo, pur essendo molte, sono un corpo solo, così anche il Cristo. Infatti noi tutti siamo stati battezzati mediante un solo Spirito in un solo corpo, Giudei o Greci, schiavi o liberi; e tutti siamo stati dissetati da un solo Spirito [Lettera ai Corinzi, Capitolo 12].

mentre invece San Giovanni Apostolo scrive diversamente. Nel Nuovo Testamento sono presenti i termini: istruire, chiamata[4], Chiesa, apostolo, comandare, mandare, missione, santificare, battesimo, etc. Si riscontra (nell'ultimo capitolo di Matteo, il 28°) che tutte le nazioni sono chiamate, tutti i popoli sono chiamati a rispondere. Vi è un compito specifico dato agli apostoli, accompagnato alla perpetuità di questo compito in cui gli apostoli (e chi dopo) operano fino alla fine del mondo. Cristo da una *summa* degli insegnamenti proprio in una delle sue ultime apparizioni agli apostoli.

3. Fondamenti del Diritto Canonico

La Chiesa può essere vista come un ordinamento giuridico: una comunità, una società organizzata con una costituzione. E' una società che non nasce dal libero spirito associativo ma nasce da una chiamata:

---

[4] Mentre camminava lungo il mare di Galilea vide due fratelli, Simone, chiamato Pietro, e Andrea suo fratello, che gettavano la rete in mare, poiché erano pescatori. E disse loro: "Seguitemi, vi farò pescatori di uomini". Ed essi subito, lasciate le reti, lo seguirono. Andando oltre, vide altri due fratelli, Giacomo di Zebedèo e Giovanni suo fratello, che nella barca insieme con Zebedèo, loro padre, riassettavano le reti; e li chiamò. Ed essi subito, lasciata la barca e il padre, lo seguirono.

una società di coloro che sono chiamati a compiere determinati compiti, missioni. Cristo ha dato una missione, un *munus*, che non è un potere, ma una funzione. Queste missioni sono tre: funzione di santificare, insegnare e governare, e sono state affidate alla Chiesa da Gesù Cristo stesso, sulla base dell'analisi dei testi.

Questi Apostoli sono stati selezionati da Cristo ed inviati, ed il tutto è contenuto in forma scritta nel capitolo 28 del Vangelo di San Matteo. Cristo ha dato dei comandamenti: è vero che c'è il popolo eletto da Dio, ma non si limita ad una stirpe individuata dal sangue, tutti sono chiamati a far parte della Chiesa, in quanto Cattolica (Universale). L'altro sacramento fondamentale, oltre al Battesimo, è l'Eucaristia: segno della Grazia istituito all'ultima cena.

Cristo cominciò la sua vita pubblica intorno ai trent'anni, e predicò per circa tre anni. Venne chiamato Maestro ed insegnò a tutti coloro volessero essere istruiti. L'amore comporta obblighi, ed il comandamento dell'amore è il primo promulgato da Gesù Cristo. L'amore quindi ha a che fare con il diritto: non ci si può permettere di comportarsi diversamente di quanto si abbia giurato. Gli insegnamenti dati da Gesù Cristo toccano nella sua profonda mentalità della vita relazionale.

La fede nella sua dimensione soprannaturale è elemento cardine della società Chiesa, ed il comportamento in terra avrà risonanza nell'altro mondo. I Sacramenti della Chiesa sono quindi: Battesimo, Confermazione, Eucaristia, Matrimonio, Ordine, Penitenza, Estrema Unzione. Tutti istituiti da Cristo, e la dottrina della Chiesa trova il tutto nell'insegnamento di Cristo.

E' necessario un giudizio, e chi giudica è fornito di un frammento del potere complessivo di governare la Chiesa. Questo aspetto commisto da sacramentalità e giurisdizione è particolarmente visibile nel sacramento della penitenza. La confessione dei peccati comporta la ricezione, il giudizio e l'assoluzione: ciò nasce dalla volontà di Cristo, sebbene abbia avuto una evoluzione storica.

In Matteo 16, 18 Gesù istituisce la Chiesa e la primazia di Pietro con un linguaggio prettamente giuridico: conferimento delle chiavi, legare, sciogliere, etc. Si dice che San Pietro sia colui che detenga le Chiavi del Paradiso. In tante azioni che vengono considerate giuridiche si individua la presenza di vincoli: a Pietro è stato conferito il potere di obbligare e divincolare. Cristo dà a Pietro il potere di legare e di sciogliere, ma questo potere esercitato sulla terra avrà i suoi riflessi, ed effetti in cielo: Cristo dà un potere suo proprio a Pietro e promette a Pietro che la sua azione sarà un'azione riconosciuta come tale nel cielo. Pietro agisce come colui che ha ricevuto un mandato da Cristo: "Riconosco il tuo operato come se lo avessi perfezionato io medesimo". Ciò che Cristo disse a Pietro lo disse però anche agli altri apostoli perché nello stesso Vangelo di Matteo in un contesto differente viene ripetuto: è un insegnamento dato con autorità, gli apostoli vengono ammaestrati.

Cristo parla tra le controversie esistenti fra i suoi fedeli e indica il procedimento di soluzione: soluzione fraterna (1° grado), due o tre testimoni (2° grado), assemblea (3° grado), se neanche l'assemblea riesce a convincere l'individuo viene ordinato di considerarlo pagano o pubblicano. Il pagano era colui che non apparteneva al popolo d'Israele e poi a coloro che non hanno aderito all'insegnamento di Cristo, un estraneo; il pubblicano era l'esattore delle imposte, una figura malvista nell'ambiente israelitico, ebraico: Matteo era un pubblicano.

La persona che rifiuta il giudizio dell'assemblea deve essere considerata come estranea: c'è qualcuno nella Chiesa che ha un potere di giudicare: la persona deve essere considerata come estranea se ha rifiutato il giudizio dell'assemblea. Nella tradizione canonica questo istituto ha un termine tecnico: *excommunicatio*. Cristo sta attribuendo questo potere alla Chiesa, ma in "Matteo" conferisce il potere di legare e sciogliere a

Pietro ed agli altri Apostoli con la garanzia del riconoscimento.

Questo legare e sciogliere è collegato in questo passo ad una azione che è propriamente giurisdizionale. Anche il Sacramento della riconciliazione (penitenza, confessione) prevede il vincolo e lo scioglimento. Cristo è un inviato dal padre, ma Cristo invia gli Apostoli. La remissione dei peccati sarà riconosciuta in Paradiso.

La formula dell'assoluzione è: "Io ti assolvo dai tuoi peccati Nel Nome ..." sciogliendo dal vincolo che tiene legati al peccato e dalle conseguenze sovrannaturali ed ecclesiali (scomunica). Il potere viene esercitato nel nome di Cristo. La garanzia in cui confida chi esercita tale assoluzione è la riconciliazione con Dio. *Absolvere* è il frutto di un procedimento che è un giudizio. L'esclusione dalla comunità è una sanzione dalla quale ci si può divincolare con il pentimento e l'assoluzione.

L'assoluzione non viene esclusa a nessuno, anche a coloro i quali non possano riparare i danni: è l'unica comunità che reintegra anche i peggiori peccatori. La misericordia di Dio deve essere un modello per gli uomini: la misericordia di Dio è un metro per tutti e non solo per i soli sacerdoti. C'è l'assistenza perpetua di Cristo nei confronti della Chiesa: "Io sarò con voi tutti i giorni fino alla fine del mondo ...". La missione non si esaurisce con la morte degli Apostoli, ma Cristo resterà con la Chiesa fino alla fine dei tempi.

Cristo prega per tutti coloro che crederanno in Cristo attraverso la parola degli Apostoli. Questo insegnamento di Cristo si espande con grandissima velocità sia dentro il popolo d'Israele (all'interno della stessa stirpe ebraica che si fanno cristiani). Questo messaggio però si espande però anche ai pagani (abitanti del villaggio: *pagus*). Gli abitanti delle campagne (legati al *pagus*) hanno avuto una più lenta cristianizzazione rispetto alle più veloci città.

Questo messaggio di Cristo si propaga perché gli Apostoli erano infaticabili propagatori: erano dei grandi viaggiatori, i cui viaggi sono narrati negli "Atti degli Apostoli". Gli Apostoli dopo essere rimasti a Gerusalemme si divisero per il mondo conosciuto. Gli Apostoli adempirono personalmente a queste missioni, a questi obblighi che Cristo aveva loro dato. Le missioni oltre la vita degli apostoli doveva avere una successione regolata.

La Chiesa ha un suo Capo che nella Cattolica è il Vescovo di Roma, esistono ministri della Chiesa che hanno diversi gradi, diverse funzioni: vescovi, sacerdoti, diaconi. E poiché la Chiesa è diffusa in tutto il mondo, tutto il territorio della Chiesa è diviso in circoscrizioni, aree a ciascuna delle quali presiede un vescovo che è capo della circoscrizione ecclesiastica (diocesi). Ci sono comunità di fedeli che hanno quindi un capo il quale prosegue le missioni che Cristo aveva dato agli apostoli in comunione con tutti gli altri vescovi, ed al Vescovo di Roma.

Questo processo è quello che conduce dalla Chiesa degli Apostoli, alla Chiesa dei Vescovi, i quali succedono (giuridicamente) agli Apostoli conducendo all'Episcopato monarchico: il territorio della Chiesa si divide in circoscrizioni capeggiate da uno e un solo Vescovo. Gli Apostoli erano undici; come si arrivò agli svariati milioni di oggi?

Questo processo di passaggio da Apostoli a Vescovi si ha intorno all'anno 100 d.C. Gli Apostoli furono molto longevi (il più longevo è Giovanni). Gli Apostoli si rendono conto di necessitare successori ed assistenti. Dalla comunità di Gerusalemme, vi è la fase delle Chiese paoline (che nascono dalla predicazione di San Paolo), e poi vi è la fase delle Chiese giovannee (nate dalla predicazione di San Giovanni).

4. Dagli Apostoli ai Vescovi

Nel corso del primo secolo si passa dalla Chiesa degli Apostoli alla Chiesa dei Vescovi ed il punto di conclusione di questo momento è la morte di tutti gli Apostoli. I vescovi successori prendono la qualifica di monarca della propria diocesi. Dal latino *"Episcopus"* e dal greco *"Episcopos"* che significa sovraintendente. Le fonti che ci dicono come la Chiesa si sta organizzando sono quelle del Nuovo Testamento: oltre ai quattro Vangeli (Matteo, Marco Luca e Giovanni) ci sono gli Atti degli Apostoli, le lettere di San Paolo, le lettere Cattoliche (di altri Apostoli), l'Apocalisse di San Giovanni.

Gli Apostoli sono ancora in vita al momento della reintegra del numero di dodici fissato da Cristo, e la predicazione parte da Gerusalemme. Il Governo della Chiesa è nelle mani degli Apostoli ancora in vita, ed il modello di Governo è pertanto collegiale. I problemi della vita della Chiesa sono tanti, sin dai primi anni di vita di questa comunità: le liti erano all'ordine del giorno. Era necessario un indirizzo da dare alla Chiesa, e la gestione comincia a nascere una preminenza di Pietro: prende l'iniziativa, è una persona particolarmente ascoltata tra gli apostoli, è sempre in prima fila, etc.

La figura di San Pietro risulta quindi dominante rispetto agli altri Apostoli, e cominciano le persecuzioni da parte degli Ebrei. Sono stati i sacerdoti del tempio che avevano voluto questa condanna ritenendo Cristo un impostore, ed i cristiani una setta da combattere. Gli Apostoli vanno disperdendosi e si allontanano da Gerusalemme: la guida della comunità cristiana di Gerusalemme è stata affidata a San Giacomo.

Nei Vangeli si sente parlare di "fratelli" di Gesù, ma la Chiesa ritiene che i fratelli siano i congiunti, i cugini, etc. Alcuni ritengono essere stato il Giacomo minore, altri dicono essere il Giacomo "fratello" di Gesù. In questa comunità di Gerusalemme nasce la figura di capo, che ha la direzione della Chiesa. In questa prima comunità di Gerusalemme ci sono gli Apostoli, ci sono i fedeli comuni, e delle persone alle quali vengono affidati dei Ministeri, dei servizi all'interno della Chiesa, persone che compaiono già negli Atti: i presbiteri ed i diaconi.

I diaconi sono propriamente servitori, ministri; i presbiteri sono verosimilmente i sacerdoti ebrei (*presbiteros* in greco significa anziano) che sono diventati fedeli di Cristo. Le prime Chiese sono le paoline, quelle nate dalla predicazione di san Paolo. San Paolo (in verità Saulo) non è un Apostolo della prima ora: egli era un perseguitatore dei cristiani, e diventa sulla via di Damasco cristiano, viene convertito dalla fulminazione.

La dottrina di San Paolo è stata fondamentale per la crescita della prima Chiesa, egli ebbe un'attività missionaria incredibile che ebbe come culmine Roma assieme a Pietro. Le lettere cattoliche sono quelle che non hanno un destinatario specifico, ma quelle di San

Paolo hanno come destinatario una comunità specifica: romani, corinzi, efesini, colossesi, filippesi, tessalonicesi. San Paolo Apostolo è chiamato l'apostolo delle genti e invia lettere a politeisti, ma la lettera agli ebrei è inviata ad un popolo già monoteista. Si ritiene che quest'ultima forse non fu personalmente scritta da San Paolo, ma certamente sotto la sua ispirazione.

Quando Paolo scrive queste lettere con certezza si trova altrove, e dà pertanto indicazioni a queste comunità. In queste città c'erano delle figure che dirigevano le comunità dei fedeli di Cristo, che molto spesso erano delegati di San Paolo: questi erano degli episcopi (che potevano essere più d'uno per la medesima comunità) ma che svolgevano più funzioni di presbiteri. San Paolo morì nel 67 d.C. decapitato (privilegio in quanto cittadino romano), San Pietro morì crocifisso (per sua volontà all'ingiù).

San Paolo lascia nelle comunità da lui evangelizzate delle persone fidate come sorveglianti. Successivamente vi sono le Chiese giovannee testimoniate dallo scritto di San Giovanni l'"Apocalisse" (*Apo   Caliupto:*   disvelamento, rivelazione). L'Apocalisse è un libro di difficilissima lettura, in totale forma allegorica: sono state inviate le lettere alle sette Chiese (dell'Asia minore, oggi Turchia). La sua visione è comunicata all'angelo di ogni Chiesa: l'Angelo sarebbe allegoricamente il messaggero, colui che rappresenta la comunità, l'episcopo. L'angelo delle sette Chiese sarebbe il "capo": quindi già si configura una guida unitaria intorno all'anno 100 d.C. con un capo unico, e la Chiesa è organizzata in forma monarchica.

Il primo concilio fu a Gerusalemme nel 49 d.C. (e non nel 70 d.C.). Scritti patristici si ritrovano in Sant'Ignazio di Antiochia, i quali attestano la sua preminenza ad Antiochia come episcopo, e che al suo tempo, ormai le comunità erano rette da un capo unico: il Vescovo. Accanto al Vescovo (successore degli apostoli) erano chiaramente delineate le figure di Diacono e di Presbitero. La comunità cresce sulla base di impulsi originari direttamente mandati da Cristo. Gli Apostoli trasmettono la loro funzione ad altri in quanto mortali. Sant'Ignazio di Antiochia muore sbranato dai leoni a Roma. Sant'Ignazio è il primo che parla di Chiesa come universale: Cattolica.

Questa funzione come viene trasmessa? La problematica è complessa: c'è l'ordinazione ministeriale, ed il momento è propriamente sacramentale. E' necessaria una trasmissione dello Spirito Santo al fine di aversi ordinazione, così Gesù trasferì le proprie funzione agli Apostoli. Accanto alla scelta degli Apostoli v'è qualcos'altro: il trasferimento dello Spirito Santo (una delle Persone della Santissima Trinità).

L'assemblea dei centoventi presenta a San Pietro due candidati (Giuseppe il giusto e Mattia) al fine di divenire il dodicesimo apostolo: viene pregato Dio al fine di comprendere il modo in cui Dio ha scelto per ricoprire la carica. Venne scelta la sorte, e la sorte cadde su Mattia: si ritenne che il caso fu il modo per agire Dio. Dio ha designato mediante la sorte il dodicesimo Apostolo: Mattia. Non appare chiaro che Mattia abbia ricevuto lo Spirito Santo, ma lo si evince da altri elementi. Il capitolo secondo degli Atti parla proprio della discesa dello Spirito Santo: la Pentecoste, gli Apostoli cominciano a parlare lingue diverse e padroneggiano questo dono per poter evangelizzare a chiunque.

Non basta la designazione della persona: è necessario il rito dell'ordinazione. Questa trasmissione dello Spirito Santo avvenne attraverso l'imposizione delle mani (*Cheirotomia*). La Cheirotomia è presente anche nelle altre scritture.

5. La Chiesa nascente e le persecuzioni

La trasmissione delle funzioni apostoliche avvenne mediante la discesa dello Spirito Santo, poi infuso ai successori: i Vescovi. Tutto il procedimento d'ordinazione è poi stato regolato dal diritto, e questo procedimento è diviso in fasi diverse e momenti diversi. Al tempo di Ignazio di Antiochia c'è un Vescovo, i presbiteri ed i diaconi all'interno di ogni diocesi. Un grande numero di sacerdoti (ebraici) aderirono alla nuova fede, ma sorse un malcontento fra gli ellenisti verso i cristiani. Gli ellenisti erano esponenti di cultura ellenistica ebrei o non ebrei a Gerusalemme: venivano trascurate le loro vedove nella distribuzione quotidiana.

I fedeli che aderivano alla nuova fede adottavano una sorta di "comunismo", venivano messi in comune i beni di tutti, e ridistribuiti equamente, ma sorgevano problemi per chi avesse avuto di più e chi avesse avuto di meno. Il collegio apostolico allora si riunì per risolvere questa situazione: bisognava trovare sette uomini saggi al fine di risolvere di questi problemi in quanto i dodici dovevano dedicarsi ad altre attività (preghiera, predicazione).

Vennero eletti sette uomini: Stefano (Santo Stefano protomartire), Nicola (proselito d'Antiochia), etc. e vennero presentati alla comunità. I dodici pregarono ed imposero loro le mani effondendo loro lo Spirito Santo. Chi riceve l'ordinazione diaconale lo fa per ascendere al sacerdozio, anche se esistono diaconi permanenti (sposati). C'è quindi una elezione da parte della comunità e poi la cheirotonìa. Timoteo era un collaboratore di San Paolo lasciato ad Efeso, ed a egli invia due lettere. Il cristianesimo è una fede che viene trasmessa oralmente, e nella trasmissione dei messaggi orali è vero che possono essere tradite le informazioni.

A scelta della persona è stata regolata in modo diverso nel corso della Storia: Mattia è stato scelto secondo la sorte, ma oggi non è più così. La Chiesa compare come una comunità organizzata nei suoi principi fondamentali, ma che va via via organizzandosi. L'ordinazione si diffonde e così la Chiesa stessa con la predicazione, la santificazione, il governo e l'insegnamento. La Chiesa è fatta di uomini e donne: di fedeli.

Fedele è colui che è stato battezzato, ed appartenente alla Chiesa, ma la condizione di fedele può essere suddistinta in chierici e laici (dal latino "*laicus*", dal greco "*laicos*" dal sostantivo "*laos*" che significa popolo): si ha Cristo come capo, ed ognuno è membra con le proprie funzioni collaborando alle missioni che Cristo ha dato alla Chiesa. Agli inizi del II sec. abbiamo chiaramente attestato l'episcopato monarchico: la Chiesa matura subito la consapevolezza che questi Vescovi sono successori degli Apostoli: non siamo noi *ex post* a configurare o considerare qualcosa, ma gli stessi primi Vescovi si consideravano tali. Ireneo vescovo di Lione intorno al duecento dice di poter enumerare tutti coloro che a partire dagli Apostoli sono Vescovi fino a noi, quelle persone lasciate dagli Apostoli al posto loro per svolgere il ministero apostolico.

I Vescovi sono stati lasciati lì dagli Apostoli in una missione ancora attiva sino ad ora. E' necessario che una persona che svolga il ministero episcopale riceva la cheirotonìa da qualcuno che sia già Vescovo. Nascono le serie episcopali con delle liste per ciascuna diocesi: le comunità possono essere antichissime (Roma), o molto recenti (U.S.A., Africa, etc.). C'è questa idea della successione Apostolica, e successione è un termine prettamente giuridico (subentrare nella sfera giuridica del *de cuius*). L'evangelizzazione degli Apostoli si diffuse ad amplissimo raggio giungendo in tutte le coste del Mediterraneo.

Tutta l'Africa settentrionale (all'interno dell'Impero Romano) fu evangelizzata: l'area egiziana era ellenistica, invece l'area tunisina era latina. Il Cristianesimo si diffuse anche oltre dato l'eccezionale ministero: Persia, Siria, Mesopotamia, Iraq, Iran, Etiopia, India. Nel I-II sec. i cristiani stanno dappertutto, ma soprattutto nella zona politica romana. La condizione giuridica della Chiesa nell'Impero romano muta nel corso dei primi 380 anni. Dapprima è una sorta di comunità indistinta che non viene ben distinta dagli ebrei, ma ben presto si giunge alla condizione di religione perseguitata da Nerone a Diocleziano, poi religione lecita (con Costantino), e poi nel 380 religione ufficiale dell'Impero Romano con Teodosio I.

Svetonio, parlando di un avvenimento accaduto nel 41 d.C., dice che l'Imperatore Claudio espulse i Giudei guidati da un certo "Cresto". Con Nerone comincia l'epoca delle persecuzioni: Eusebio di Cesarea enumera dieci imperatori che hanno condotto dieci persecuzioni, ma ognuna si distingue dall'altra per i caratteri. Si sa che la prima persecuzione (di Nerone) venne condotta contro una "superstizione pericolosa", come ci dice Svetonio: si tratta di una setta che porta disturbo nella tradizione romana.

Ci fu un grande incendio a Roma, e Nerone accusò i cristiani dell'accaduto (si pensa però fu egli stesso al fine di costruire una città più bella). Questa setta veniva considerata come odiante il genere umano (che come sappiamo è tutto il contrario). Sia sotto Traiano che Adriano emerge un principio: i cristiani devono essere repressi qualora colpevoli di qualche *crimen*, e non per il solo fatto di essere cristiani, quando sia minacciata la pace pubblica: il fatto che i praticanti di una religione diversa per il solo fatto di esserci creano un problema per la pace pubblica (come avviene oggi con i musulmani).

Spesso e volentieri le accuse sono inventate, e si accusa questi di essere empi, non pii: lo scontro è tra il politeismo (gli dei sono tanti, e nulla esclude che ad un dio se ne aggiunga un altro), ed il monoteismo (incompatibile con il politeismo). Il Cristiano non può accettare il politeismo (anche se teoricamente i politeisti avrebbero potuto accettare il Dio giudaico). Celso parla del Cristianesimo come una follia mistica ed una pericolosa devozione alle divinità del popolo romano. Queste accuse vengono contrastate con delle apologie cristiane (difendendosi ed esaltandosi), p.es.: Tertulliano.

La distinzione del sacro e del profano e propria dei cristiani: la laicità l'ha inventata il cristiano, la sfera temporale e la sfera religiosa vengono distinte dai cristiani. Nella tradizione romana l'Imperatore era *pontifex maximus*, l'imperatore a partire da Augusto divenne una divinità. Il culto della persona dell'Imperatore come dio non può essere negato all'imperatore, altrimenti sarebbe un "illecito costituzionale", lesione della fedeltà. Un altro punto d'attrito era il rifiuto del servizio militare: i cristiani ripudiano la violenza e propugnano l'amore, tra l'altro il militare doveva prestare il *sacramentum militiae* che si accompagnava a riti pagani, e questa difficoltà dei cristiani di partecipare alla difesa dell'Impero era vista come una violazione dei doveri propri del *civis*: un inadempimento.

Agli inizi del III sec. il Cristianesimo è diffuso anche ai ceti più alti dell'Impero: questa religione aveva guadagnato radici oltre la plebe. Le persecuzioni erano sporadiche e locali e non è un fenomeno generalizzato: la prima si condusse tra 250 ed il 252 sotto Decio. Decio obbligò a tutti i romani di partecipare a celebrazioni sacre di preghiera verso gli dei per proteggere l'impero, e che tutte le persone partecipanti alle celebrazioni (*supplicationes*) dovevano farsi rilasciare un certificato (*libellus*). I cristiani si rifiutarono e subirono le persecuzioni, obbligo di indicare gli altri cristiani. Il cristiano può aderire all'ordine dell'Imperatore o rifiutarsi totalmente prestando testimonianza della fede cristiana.

Prestando testimonianza si è un martire (gli *acta martirum* sono scritti che parlano della testimonianza di coloro che patirono le conseguenze di chi si rifiutava di professare la religione romana). Ci furono altri che però parteciparono alle *supplicationes*. Questo problema mise in crisi la stessa comunità e vi furono alcuni *lapsi* (i caduti dalla fede cristiana in quella politeistica). Come ci si doveva comportare nei confronti dei *lapsi*? Alcuni ritenevano plausibile l'indulgenza con la riammissione dopo una penitenza, e però v'erano pure i rigoristi, come Novaziano (annoverato tra gli antipapi). Ci si domandava se i *lapsi* dovessero essere ribattezzati o meno (ancora non si conosceva l'efficacia *ex opere operato* del battesimo).

Porfirio ed altri scrivono trattati contro i cristiani i quali rappresentano una pericolosa deviazione dalla fede romana, si pongono in conflitto con le istituzioni romane, professano follie (Dio incarnato, morto e risorto, che ha dato un comandamento di mangiare e bere del suo corpo e del suo sangue, etc.). I cristiani temendo di essere perseguitati celebravano il rito nelle catacombe, e quindi i romani ritenevano la segretezza come copertura dell'illiceità.

Diocleziano prende tutta una serie di provvedimenti: perseguitare i cristiani, distruggere le loro chiese, i libri sacri, i cristiani che occupano pubblici uffici devono essere espulsi, gli schiavi cristiani non possono essere affrancati, i chierici devono essere imprigionati, i beni cristiani devono essere confiscati; ma come tutte le persecuzioni vi è l'inizio e vi è la fine. Dopo Diocleziano si va verso la tolleranza, e due figure nascono: Galerio che nel 311 emanò un editto di tolleranza, il primo antecedente all'editto di Milano di Costantino. Ci si rende conto che non è più possibile perseguitare una massa così enorme di Cristiani.

6. Costantino, editti e Diritto.

La fase delle persecuzioni si chiude con la successione nel rapido spazio di pochi anni dell'imperatore Diocleziano: dopo di che si apre il periodo della tolleranza. Galerio nel 311, Costantino nel 313, hanno emanato editti di tolleranza. Questi provvedimenti aprono l'era della libertà dei culti, e questi editti riconoscono la libertà di culto a tutti coloro che vivono nell'Impero. Secondo formulazioni antiche si evince che dalla volontà di questi due augusti si estendeva la libertà di culto a tutto l'Impero.

Per la Chiesa ciò è la predisposizione che darà vita alle sue istituzioni, al suo patrimonio, alle proprie missioni. Uno dei primi provvedimenti è quello di restituire i beni che erano stati conquistati durante le persecuzioni. Di fatto furono proprio i cristiani ad averne il massimo beneficio in quanto si erano estesi fortemente; i pagani andavano sempre più estinguendosi: la cristiana era una religione vincente. La figura di Costantino è alquanto controversa: nella tradizione bizantina è venerato come Santo, ma è dubbia pure la sua appartenenza alla comunità dei fedeli.

Apparteneva ad una famiglia dove il Cristianesimo era di casa: sua madre era Sant'Elena (la quale sostenendo una missione in terra santa cercò la vera croce e la trovò). Egli adottò provvedimenti molto favorevoli alla Chiesa: la concessione alle Chiese di ricevere legati, eredità o donazioni, quindi si riconosce alle Chiese la capacità giuridica. E' un fenomeno tipico di quest'epoca per il bene della Chiesa o per la *salus animarum*: la donazione veniva fatta alla Chiesa come edificio in quanto non esisteva ancora il concetto di personalità giuridica, e nasce il patrimonio ecclesiastico.

Un altro provvedimento è la giurisdizione episcopale in materia ecclesiastica ed in materia civile: il vescovo veniva scelto come giudice-arbitro delle controversie, ma il punto essenziale è che Costantino riconosce efficacia giuridica civile alle sentenze episcopali: le parti potevano rivolgersi al giudice civile o al proprio vescovo. Costantino aveva compreso bene che questo regime di libertà aveva comportato condizioni di pace volte a far prosperare l'Impero, ma la religione della Chiesa (unica) venne utilizzata come *strumentum regni*: strumento del governo acquisendo consenso.

La religione è uno strumento di pacificazione sociale, e Costantino (sebbene esistono dubbi sulla sua cristianità) era molto inserito all'interno della Chiesa Cattolica. Eusebio di Cesarea attribuì a Costantino il titolo di *Episcopus externus*, ma è una traduzione dal greco (*epíscopos tôn ektòs*), ma nel senso di sovraintendente della Chiesa da esterno: si pone fuori dalla gerarchia. Egli è addetto alla gestione del patrimonio, della giurisdizione, della capacità giuridica, etc.

Ogni governo che viene in contatto con la Chiesa crea delle leggi che raccordano ordinamento politico ed ordinamento canonico. Costantino interverrà anche in materia di controversie, in materia dogmatico religiosa, e celebrò il primo Concilio Ecumenico (Nicea 325). Egli era propriamente attico e partecipe anche in ciò che concerneva la vita spirituale della Chiesa, si schierò con un partito e ne condannò un altro. Come imperatore romano era particolarmente legato alla religione ancestrale romana legata alla struttura costituzionale dell'impero: egli era e restava *pontifex maximus* della religione romana.

Rispetto a questa presa di posizione di Costantino non ci furono passi indietro tra gli altri imperatori, tranne nel caso di Giuliano l'Apostata (breve parentesi di un imperatore in vero mai cristiano). Nel 380 Teodosio I pubblica l'editto di Tessalonica con il quale si dichiara il Cristianesimo la religione dell'Impero, dello Stato romano: tutti devono abbracciare questa religione. L'editto prendeva il nome di *Cunctos populos* e ritiene essere il Papa il depositario della retta fede per successione a San Pietro.

Tutti avrebbero dovuto abbracciare la religione cattolica, e tutti gli altri sarebbero stati dichiarati pazzi ed eretici con tutte le conseguenze che ne vengono fuori: le conseguenze giuridiche sono pesanti. Questo disfavore si sostanzia di contenuti giuridici: i non cristiani o sono pagani, o sono ebrei, o sono eretici o sono gli apostata. Chi non abbraccia la fede dei successori di Pietro è infedele o miscredente: l'apostata è colui che dopo il battesimo rinuncia alla Chiesa Cattolica e alla fede.

La conseguenza è una politica repressiva dei dissidenti, e nel corso di questi secoli si limita la possibilità di professare il culto, si condanna, si requisiscono i beni, etc. Lo Stato diventa il braccio secolare della Chiesa, il braccio esecutivo anche in materia spirituale. Se il Concilio dichiara una dottrina falsa o eretica, lo Stato reprime coloro i quali sono stati dichiarati tali (condanna al rogo, confisca dei beni, etc.). La Chiesa decide chi è ortodosso e chi è eretico, e dopo di che lo Stato romano per difendere e promuovere la nuova fede prende provvedimenti repressivi. Questa alleanza e commistione avrà effetti lunghissimi nel mondo occidentale, sia quando la Chiesa sarà unica, sia quando la Chiesa avrà degli scismi. Il principio resta quello che lo Stato prende posizione per una religione reprimendo l'altra in condizione di scisma.

Nel corso del XVI sec. si dichiara il principio: *Cuius regio, eius religio*, e tutti i popoli devono professare la religione del proprio Re. Fino all'entrata in vigore della Costituzione repubblicana in Italia (1 Gennaio 1948 con libertà di culto) era in vigore lo Statuto Albertino che aveva all'art. 1 la norma che la Religione Cattolica Apostolica Romana fosse l'unica religione ammesso entro il Regno; le altre religione sono meramente tollerate. Il problema è: quale rapporto deve sussistere tra la religione e lo Stato.

Nel Codice Teodosiano (di Teodosio II) si trovano numerose informazioni sulla regolamentazione della Chiesa nello Stato, ma nella compilazione giustinianea c'è una più ampia regolamentazione: il *Codex* è diviso in dodici libri il cui primo titolo è sulla fede cattolica, la somma trinità: la prima Costituzione è proprio quella di Tessalonica, ma v'è anche regolamentazione in materia di *episcopalis audientia, de hereticis, de paganis, de sacrosanctae ecclesiae*, etc.

L'apostasìa è l'abbandono della fede: atti ai quali il Diritto Canonico ha applicato delle pene. Lo scisma è una divisione della Chiesa: anglicani, ortodossi, protestanti. Questo scisma però quasi sempre nella Storia segue ad una eresia: la professione di fede scismatica deriva da una eresia prima, che creando una comunità separata, una Chiesa scismatica con dottrina eretica. L'apostasìa si attua con una dichiarazione d'abbandono, perdendo la subiettività all'interno della Chiesa.

La Chiesa costruisce all'interno di sé un patrimonio. A cosa bisogna credere per appartenere alla Chiesa Cattolica? Come ci si deve comportare per appartenere alla Chiesa Cattolica? Poiché la Chiesa è questa società di coloro che sono stati chiamati essa nasce non già dallo spirito d'aggregazione dei consociati, ma dalla volontà fondazionale di Cristo. Questa società che si muove tra la terra ed il cielo contiene un diritto che nasce a metà strada: l'istituzione è data da Cristo stesso assieme ai comandamenti, al dettato, etc. Il diritto non è pertanto umano quello dato da Cristo, ma da Dio, quindi divino.

Altro diritto deriva invece dalla Storia: gli uomini vivendo in un determinato contesto storico costituiscono modi di fare distinti dal soprannaturale, prettamente umani. Gli uomini nella Chiesa si sono dati un diritto, e l'elemento divino a suo modo ed a sua volta è ulteriormente distinguibile: nasce dalla diretta parola di Dio e pone delle norme per gli uomini e si chiama diritto divino positivo. Dio che chiama Mosé sul monte e gli consegna le tavole della legge.

Ma il diritto divino è anche naturale: il diritto che Dio dà agli uomini si può manifestare anche attraverso la natura creata da Dio con determinate leggi, regole. Il diritto naturale però nasce già nella filosofia greco-romana e non già nella Chiesa. Esistono delle leggi morali legate ai *mores* esistenti già in natura. Il diritto naturale è divino perché la natura è stata creata da Dio.

Dalla natura scaturiscono situazioni ordinate manifestanti la volontà creativa di Dio. Dio crea gli uomini ed i relativi rapporti: Adamo, Eva, etc. Questo diritto divino positivo viene conosciuto attraverso due fonti: attraverso la Rivelazione (Sacra Scrittura) ed attraverso la Tradizione (Sacra Tradizione). La Sacra Scrittura è rivelata perché ispirata da Dio (non quindi totalmente umana); la Sacra Tradizione è la parola tramandata, trasmessa, anche al di fuori di questi libri sacri. Questi concetti di Sacra Scrittura e di Sacra Tradizione sono frutto di trasmissione con profondo intreccio: la prima nel suo numero è definita dalla Chiesa.

La Sacra Scrittura (Bibbia) è divisa in Antico e Nuovo Testamento, e non altro. Questo elenco è stato definito dalla Chiesa ed è canone delle Sacre Scritture: la definizione del numero non è il frutto di una decisione autoritativa della Chiesa inizialmente (per aversi una decisione autoritativa si dovette aspettare il Concilio di Trento 1545 – 1564), ma già nel IV sec. si conosceva il numero delle Sacre Scritture: la Chiesa si è spontaneamente accordata nel riconoscere taluni testi come sacri e non altri.

Per quanto riguarda la tradizione quella Bibbia è quella di coloro i quali sono Cristiani: l'Antico Testamento è in comune tra Ebrei e Cristiani. I Cristiani hanno in più: i quattro Vangeli (Matteo, Marco, Luca, Giovanni), gli Atti degli Apostoli, le Lettere, e l'Apocalisse di Giovanni. Questi testi stessi sono il frutto di una trasmissione e stanno in quest'elenco; ma ci sono altri testi, vangeli apocrifi, che la Chiesa Cattolica non li ha considerati autentici sebbene molto interessanti.

7. Sacra Scrittura e Sacra Tradizione

La scrittura in sé, la rivelazione di Dio, una delle fonti del Diritto Divino Positivo, è il frutto di una serie di insegnamenti e di tradizioni. La Chiesa riconosce senza una ufficiale deliberazione essa stessa il frutto di un processo che inizia con una trasmissione orale di questi avvenimenti: è il frutto di una produzione compiuta alla fine del primo secolo. C'è un intreccio fra la scrittura e la collaborazione, e nella convinzione della Chiesa Cattolica la Scrittura e la Tradizione sono due fonti complementari e non v'è nessuna che prevale sull'altra. Sul tema della Rivelazione, nel Concilio Vaticano II è stata prodotta una Costituzione chiamata

Dei Verbum (1965), in cui ci sono taluni paragrafi dedicati al rapporto tra Scrittura e Tradizione. Tradizione deriva dal latino *"traditio"* ed ha un significato molto materiale, col significato di consegna di qualcosa: la parola latina è assolutamente erede della parola greca *"paràdosis"* che ha il significato diretto di tradizione. C'è un oggetto (la cosa consegnata) ed il soggetto (chi consegna). La cosa consegnata è in questo caso l'insegnamento di Cristo, ed il fatto che Cristo sia esistito come realizzazione delle predizioni è innanzitutto la cosa consegnata. Dio si è fatto uomo ed ha dato degli insegnamenti agli uomini: i soggetti di questa tradizione hanno come Oggetto d'interesse Cristo, il quale sta a capo della tradizione sulla base del fatto che abbia dato i comandamenti agli Apostoli. Gli Apostoli stanno immediatamente dopo Cristo, ed i successivi anelli sono i Vescovi, depositari della tradizioni: più generalmente è la Chiesa che tramanda a sé stessa nei secoli successivi.

La Chiesa ha la certezza sulle cose rivelate non solo dalla scrittura ma anche dalla tradizione, ed alla tradizione spetta la medesima riverenza di quella adoperata per la Scrittura. I cattolici affermano questa complementarietà di scrittura e tradizione, invece per i Luterani e per i Protestanti in generale non esiste tradizione, ma sola scrittura. C'è un modo di trasmettere fedelmente l'oggetto della tradizione:

questo oggetto è chiamato anche deposito della fede, patrimonio, tesoro. L'oggetto di questa tradizione riguarda due aspetti entrambi essenziali della vita della fede: cosa singifica essere cristiani; disciplina, ecclesiastica e della vita degli uomini (della Chiesa e non): ci sono insegnamenti di Dio e di Cristo che valgono per tutti gli uomini, e l'universalità di questi contenuti è sensibile.

All'interno di questa tradizione bisogna distinguere tra aspetto statico (perenne e continua trasmissione di questi insegnamenti sino ad oggi, ed il fatto che l'oggetto sia un deposito con un nucleo intangibile ed immodificabile: Cristo e gli insegnamenti) ed aspetto dinamico (continua, nuova consapevolezza). Ciò che Cristo ha insegnato non sta tutto nella Scrittura: vi sono sviluppi fedeli di alcuni nuclei dati dall'insegnamento di Gesù, e si ha una più perfetta comprensione di ciò che viene trasmesso. Talune verità non sono enunciate nella Scrittura: nel XXI sec. si comprende di più, si comprende meglio, si comprende altra argomentazione.

San Paolo non era Apostolo, ma è a questi assimilato, egli tramanda ciò che ha ricevuto (come si evince dalle sue lettere): la cristianità risiede nella fede della risurrezione di Cristo, e la moneta più importante di questo scambio è la fede. Il tema della tradizione è accennato alla II lettera ai Tessalonicesi dove in un versetto viene detto: "Mantenete le tradizioni che avete appreso dalla nostra tradizione e dalla nostra lettera": ci sono elementi che San Paolo non dice, ma che sono nella tradizione. La Chiesa s'interroga su questo deposito attraverso i concili, prendendo decisioni in diverse materie: non tutto e chiarito nelle Scritture, ed il processo di comprensione giunge sino ai nostri giorni.

Il Dogma è una verità di fede, e gli ultimi due annunciati sono stati: l'Immacolata Concezione e l'Assunzione in cielo di Maria: Maria è stata l'unica ad essere stata concepita senza peccato, ed è stata assunta in cielo in anima e corpo. Presso i cattolici orientali esiste la "dormizione" di Maria, i cattolici latini ritengono nell'assunzione in anima e corpo. I dogmi della fede cattolica sono definiti come tali nel 1854 (Pio IX) e nel 1950 (Pio XII). Il Romano Pontefice ha imposto alla fede dei credenti questi due dogmi: il credente cattolico non può rifiutarsi di credere in queste cose altrimenti non è cattolico. Questi dogmi non stanno nella Scrittura, ma già nei primi secoli della Chiesa vi furono persone venerate come Sante che testimoniano questa credenza.

Quando un Papa enuncia un dogma della fede, rende pubblica una credenza già esistente, e non può più ritrattare. Si tratta di una definizione che è presa di coscienza definitiva immodificabile: l'Angelo saluta

Maria dicendo "piena di Grazia" e la Chiesa nel corso dei secoli acquisisce il contenuto della fede cristiana e la regola di vita. Il tema della Tradizione è di grandissima importanza per la Chiesa dei primi secoli: essa si forma proprio sulla tradizione che diventa un canale importantissimo per lo sviluppo dell'ordinamento giuridico. Nei primi quattro secoli le regole di comportamento vengono elaborate sulla base di taluni scritti che si richiamano al tema della tradizione, chiamati pseudoapostolici: sono attribuiti all'autorità degli Apostoli, con contenuti la cui paternità è attribuita agli Apostoli (ma falsamente). Questi scritti o una parte di loro si ispirano all'insegnamento degli Apostoli ed hanno un duplice contenuto: canonico (contenendo canoni e regole giuridiche, discipline e norme sulla vita cristiana) e liturgico (contenendo prescrizioni che attengono alla liturgia, alla celebrazione del culto divino).

La più antica di queste collezioni è la *Didaché* (insegnamento, dottrina, dal greco *"didasco"*) dei dodici Apostoli redatta in Palestina o Siria tra il 60 ed il 90 d.C.; poi c'è la Didascalia (217 d.C.), la Tradizione (redatta a Roma), e le Costituzioni Apostoliche (Siria 380, recanti alla fine i Canoni apostolici, 85 norme). Al di là del procedimento letterario conta il fatto che le opere hanno un contenuto precettivo e non descrittivo, contengono norme e dichiarano che questi sono il frutto della tradizione, una tradizione che risale agli Apostoli.

Le opere pseudoapostoliche sono sovrapponibili, ed hanno dei contenuti paralleli. Sono delle opere che si prestano a diffusione nel territorio cristiano in quanto i contenuti corrispondono ad una tradizione abbastanza vissuta all'interno della Chiesa. Queste testimonianze contengono discipline ministeriali, discipline per i fedeli, discipline per i neobattezzati, etc. Secondo queste testimonianze i catecumeni sarebbero stati portati davanti ai dottori presentati da un fedele; sarebbero stati interrogati sul loro stile di vita: vi erano coloro da correggere (sacerdoti pagani, attori, concubini, artisti, pittori e scultori, proprietari di case di prostitute, etc.), e coloro da allontanare (prostitute, omosessuali, etc.).

Colui che riceve l'insegnamento al fine della ricezione del Battesimo prende la condizione del catecumenato (in prova). Conclusa questa fase di prova, il catecumeno riceve il battesimo e diviene parte della Chiesa, della comunità dei fedeli. La Tradizione presenta anche la disciplina per l'ordinazione dei Vescovi: è necessaria la presenza di Vescovi (almeno uno) per l'ordinazione di altri Vescovi con la celebrazione della *cheirotonìa*: l'ordinazione episcopale ricorda la scelta del dodicesimo Apostolo (Mattia) e si trova però un elemento in più: la

cheirotonìa. Il detto *"Vox populi, Vox Dei"* ha il
significato quello che la decisione della comunità dei
fedeli equivale alla volontà di Dio, e la Chiesa agisce
come aveva agito il Collegio Episcopale.

8. I Concili particolari ed Ecumenici

C'è un luogo istituzionale, ma anche fisico e
materiale in cui la Chiesa discute di questioni
d'interesse comune e prende altrettante decisioni.
Questo luogo è il "Concilio": questo è un assemblea
all'interno del quale la Chiesa arricchisce e perfeziona
il proprio patrimonio normativo e dottrinale.
L'acquisizione del patrimonio dottrinale passa per il
Concilio. Dal latino *"Concilium"* singifica unione e
deriva dal greco *"Synodos"*, ed il significato è strada
comune. Quando la Chiesa si riunisce in concili essa è
cosciente di agire sulla scia di una tradizione che
rimonta a gli Apostoli stessi.

Non viene creato nulla di nuovo: nelle Sacre
Scritture (in un passo degli Atti degli Apostoli) si trova
la radice dell'istituto conciliare, ed un brano del Cap.
XV degli Atti degli Apostoli parla del Concilio di
Gerusalemme. Si è nella fase in cui il Cristianesimo si
va espandendo ed una delle sedi di questa nuova fede
era Antiochia (una città della Siria, a Nord della

Palestina, odierno Stato d'Israele). Il Concilio è stato collocato nell'anno 49 d.C. poiché era successo un avvenimento ad Antiochia: la legge mosaica della circoncisione era prevista per gli Ebrei, ma Paolo e Barnaba si opponevano alla circoncisione per i cristiani.

Ad Antiochia ci si domandava se anche i pagani convertiti dovessero circoncidersi: allora si ordinò un consulto agli Apostoli a Gerusalemme. Giunti a Gerusalemme i messi furono ricevuti dalla Chiesa, ed i farisei convertiti affermarono la necessità della circoncisione, ma gli Apostoli presieduti da Pietro risposero differentemente: San Pietro disse di non poter più distinguere tra ebrei e non ebrei e di credere che la Grazia del Signore non ha fatto distinzioni. Barnaba e Paolo raccontarono quanti prodigi Dio aveva compiuto presso Antiochia, e Giacomo (poi Vescovo di Gerusalemme) disse che Pietro parlò giustamente ed il popolo d'Israele non si esaurisce nei Giudei, ma la chiamata è rivolta a tutti.

Assieme a Paolo e Barnaba vennero mandati dei rappresentanti con una lettera ai popoli d'Antiochia, Siria, ed agl'altri. Quello che è avvenuto ad Antiochia è avvenuto ovunque, e nella Chiesa di Gerusalemme è Pietro a parlare: vengono scelti altri due inviati da accoppiare a Paolo e Barnaba racchiudendo in una lettera il contenuto del Concilio Apostolico. La questione d'interesse generale deve essere trattata in modo collegiale, in assemblea, devono essere persone qualificate a discutere di queste questioni: gli Apostoli (prima), i Vescovi (poi). La comunità contribuisce a prendere la decisione, ascoltando, intervenendo, ed i Concili sono luoghi istituzionali dove la Chiesa conviene per trattare e risolvere le questioni di fede.

Bisogna distinguere i concili in due categorie: particolari e generali (o ecumenici): quelli particolari sono limitati ad alcuni Vescovi a sole aree geografiche più o meno ampie; quelli ecumenici sono universali, estesi a tutti Vescovi (potrebbe dirsi generali, ma si usa ecumenici). "*Oicumenicòs*" dal verbo "*Oicheo*", dal participio "*Oicumene*" singifica mondo abitato (Esteso a tutto il mondo abitato): Concilio Ecumenico è un'assemblea in cui sono invitati a partecipare tutti i rappresentanti di tutte le comunità ecclesiastiche sparse nel mondo.

Mai però c'è stato un Concilio davvero universale per tutte le ragioni esistenti e nei fatti a fronte di diverse migliaia di Vescovi, sono poche centinaia quelli che partecipano ai concili. Per avere un Concilio Ecumenico non si deve avere necessariamente un'assemblea di tutti i Vescovi, ma quando ha la consapevolezza di deliberare a nome e per conto (e per interesse) della Chiesa Universale. Un Concilio è Ecumenico in quanto le sue deliberazioni sono imposte all'osservanza della Chiesa Universale, di tutte le singole Chiese particolari, le quali sono chiamate a ricevere ed accogliere e prestare osservanza sebbene il Vescovo della quale non abbia partecipato per una circostanza fattuale.

Questi Concili chiamati Ecumenici sono importantissimi poiché stabiliscono il patrimonio universale della Chiesa e sono in numero limitato nella Chiesa, e dal primo all'ultimo sono in tutto ventuno. Il primo è quello di Nicea del 325, e l'apertura avviene all'interno della Chiesa che vive nella *Pax costantiniana*, nel regime di libertà introdotto da Costantino, due decenni dopo la fine delle persecuzioni: prima della quale non vi cono quindi concili ecumenici (o per lo meno sicuramente non ecumenici): i concili furono riuniti nella Chiesa già da prima, ma particolari e le decisioni importanti non hanno però un carattere universale. L'Universalità è strettamente collegata al ruolo dell'imperatore romano (prima) e bizantino (poi).

L'Imperatore fornisce il braccio secolare e le questioni religiose divengono anche questioni di ordine pubblico, e la fase apicale si raggiunge nel 380 quando il Cristianesimo è religione dello Stato, elemento di Diritto Pubblico, aspetto essenziale di esso. L'ecumenicità passa attraverso gli imperatori della Chiesa, tanto che Costantino venne chiamato

"Vescovo esterno". Questi concili ecumenici sono ventuno per la Chiesa Cattolica, e questo numero non è stato fissato da una deliberazione autoritativa della Chiesa ma è un riconoscimento che è stato dato dalla tradizione ecclesiastica, e ce ne furono otto nel primo millennio [Nicea I (Concilio Niceno I) a Costantinopoli IV (Concilio Costantinopolitano IV)], dodici nel secondo (Concilio Laterano I al Concilio Vaticano II).

Quelli del primo millennio si sono tenuti tutti nell'Impero d'Oriente, e gli altri, quelli del secondo millennio, tutti in Occidente. I primi otto sono quelli della Chiesa indivisa, prescismatica, ed i primi sette in particolari sono patrimonio comune delle due Chiese: l'ottavo non è riconosciuto come ecumenico dalle Chiese orientali per ragioni storiche. Dal Lateranense I sono tutti concili in Occidente, postscismatici con decisioni non recepite dagli ortodossi, per quanto si tentò la riunificazione tra le Chiese.

Una ulteriore distinzione bisogna farsi per gli ultimi tre Concili: Tridentino, Vaticano I e Vaticano II, i quali si sono celebrati a seguito di un altro scisma: la riforma protestante. Da Trento in poi le Chiese luterane e protestanti non parteciparono più ai Concili, quindi gli ultimi tre furono ecumenici cattolici (Apostolici Latini Romani).

Il primo di questi concili si tenne a Nicea (nei pressi di quella città che si chiamerà Costantinopoli), in cui i Vescovi si riunirono per volontà dell'Imperatore per un duplice ordine di ragioni: i concili prendono decisioni in materia di fede e di disciplina. Siamo nella Chiesa che stabilisce e definisce i principi fondamentali della Chiesa Cattolica: in cosa dobbiamo credere per essere *Christifideles*?

C'è tutta una speculazione teologica attraverso la quale viene definito Cristo con talune qualità: figlio di Dio, incarnazione di Dio, Uno e Trino. Si manifestava come un uomo, ma pur avendo le sembianze di uomo aveva mantenuto una natura esclusivamente divina? Chi è Maria? La madre di Dio, di Cristo? E' proprio in questi primi secoli che la Chiesa definisce e dà una risposta a questi interrogativi. Ario, sacerdote di Alessandria, professava una dottrina avversata dal resto della Chiesa: egli diceva che Cristo non esisteva dall'inizio dei tempi, era nato successivamente al Padre subordinatamente, mentre la dottrina cattolica si esprimeva dicendo che Cristo è generato e non creato, dalla stessa Sostanza del Padre.

Nel Concilio di Nicea viene condannata la dottrina di Ario dichiarata eretica, e tutti i seguaci di Ario (gli ariani) vengono dichiarati falsi ed eretici. Il discrimine tra eresia ed ortodossia s'è potuto chiarificare solo quando la Chiesa ha deciso quale fosse la giusta dottrina. Una dottrina dichiarata eretica viene esclusa dalla Chiesa Cattolica, e l'eretico o abiura o viene escluso dalla Chiesa Cattolica. Questo concilio è detto dei trecentodiciotto padri perché a quanto pare erano trecentodiciotto Vescovi, di gran lunga di meno rispetto a tutti i Vescovi presenti nel mondo d'allora. Trecentodiciotto erano derivanti quasi tutti (solo) da quella zona (sebbene vi fossero centinaia di Vescovi in Occidente ed in Africa settentrionale).

A Nicea viene prodotto un certo numero di canoni e viene redatto un testo che si chiamò "Professione di Fede dei Trecentodiciotto Padri": il primo Credo. Con delle piccole modifiche il "Simbolo Niceno" (Così fu chiamato) è divenuto il Credo della Chiesa Cattolica d'Oriente e d'Occidente. Nel 381 fu riunito il secondo Concilio Ecumenico, voluto da Teodosio I e viene completato nel testo aggiungendo lo "Spirito Santo", completando la credenza della Santissima Trinità. Questa professione di fede è detta dei centocinquanta padri. E' il frutto che trecentottantuno anni di Chiesa avevano prodotto, sebbene Cristo non avesse parlato in questi termini: è la Chiesa che parla così di Cristo.

Oltre a questo simbolo niceno c'è il simbolo apostolico: è espresso in una forma un po' più ridotta e viene normalmente recitato prima del tempo pasquale in quaresima: "Rinuncio ... Rinuncio ... Rinuncio ...; Credo ... Credo ... Credo ...".

Il quarto di questi Concili (Efeso 431) si trova a condannare le teorie nestoriane (di Nestorio), affermando che Maria sia la Madre di Dio. Nestorio (Vescovo di Costantinopoli) sosteneva invece che fosse madre di Cristo, e che Dio abitasse in Cristo. Tutta questa cosa suscitò un dibattito e vennero condannate queste teorie eretiche. Vent'anni dopo, a Calcedonia un altro grande Concilio (451) condanna come eretica la dottrina monofisita, il monofisismo (*mono*: uno; *fysis*: natura) proprio poiché la Chiesa Cattolica crede nella duplice natura di Cristo, vero Uomo e vero Dio.

L'eretico viene condannato, e chi persevera (avendo un seguito) è scismatico: nei fatti accadde per queste eresie ariane, nestoriane, monofisiste, etc. Questi concili ricevono l'approvazione del Vescovo di Roma: del Papa. Il concilio è aperto a tutti i Vescovi Cattolici, approvato da capo, garante custode visibile della Chiesa, sebbene non vi partecipò. Nei concili del primo millennio è l'Imperatore a presiedere e non il Papa (che manda dei suoi delegati).

Sebbene questi quattro concili deliberino a nome della Chiesa Universale ed ad essa l'impongono, nei fatti tali deliberazioni non furono recepite da tutta la Chiesa: questo determinato numero di Vescovi tornando nella propria Chiesa rende nota la delibera; il Concilio invia delle lettere a tutte le Chiese, Questa prassi strettamente conciliare si rifà al concilio di Gerusalemme. Ci sono però delle Chiese che restano legate a coloro che avevano propugnato quelle dottrine condannate eretiche, facendo accadere le situazioni più varie con partiti pro-Nicea e partiti pro-Ario, o pro-Nestorio, e si creano divisioni.

L'arianesimo fu una dottrina che difficilmente fu estirpata, resistita fino al Medioevo in cui i Goti fecero da protagonisti ariani, ed altrettanto i longobardi. Sopravvisse a lungo, per qualche secolo, finché non si spense naturalmente. Si formarono delle comunità che esistono tutt'ora che si ispirano a quelle dottrine di Nestorio ed a quelle del monofisismo: le Chiese Nestoriane (ad oggi Assire d'Oriente, precalcedonesi, o anticalcedonesi) esistono tra l'Iraq e l'Iran. La Chiesa Monofisita è l'attuale Chiesa Copta (*Aighiuptos*: Egitto) egiziana.

Ci si rese conto che le divisioni nacquero da fraintendimenti sulle parole, e nel 1984 Giovanni Paolo II e la Chiesa Nestoriana hanno firmato una dichiarazione con la quale affermarono la indifferenza nella professione di fede: "Crediamo nella stessa cosa". Nel corso della Storia queste Chiese si separarono dai propri confratelli e ritornarono al cattolicesimo sotto forma orientale (Chiese cattoliche d'Oriente). Quindi per le Chiese Copte, Nestoriane, Armene esistono frammenti cattolici, rientrati nella Cattolicità, ed altri rimasti fuori per propria volontà.

9. Ordinazione episcopale e province ecclesiastiche

Nella Chiesa antica l'autorità dei primi quattro Concili Ecumenici era assimilata a quella dei quattro Vangeli, con una sorta di corrispondenza, conferendo tutta una serie di regolamentazioni e discipline. Il Concilio di Nicea ha dato venti canoni, di importanza principale, e l'assemblea vuole imporre queste norme alla Chiesa universale. Vi sono dei canoni che attengono alla questione delle persecuzioni (solo vent'anni prima c'era stata l'ultima persecuzione): alcuni cedendo alla violenza non avevano testimoniato pienamente (non sono stati martiri: non sono morti per la fede ma hanno abiurato), ed allora ci si domandò su quale atteggiamento adottare nei confronti di questi laici e chierici apostati.

Per coloro che hanno rinnegato la propria fede e poi sono rientrati nella Chiesa si stabilì che l'eventuale ordinazione di questi per ignoranza o per simulazione non avrebbe comportato cambio della disciplina ecclesiastica, e per questi vi fosse la pena della deposizione. Non possono essere assunti come ministri di Dio coloro che hanno rifiutato la fede. Il Concilio legifera per la Chiesa universale e dato che questo discorso era altrettanto importante venne esteso a tutta la Chiesa. Quanto a quelli che hanno rifiutato la propria fede senza essere chierici, e lo abbiano fatto per la propria vita o i propri beni, si applichi verso questi il perdono (misericordia cristiana). Chi faccia penitenza preghi presso gli *audientes* o *penitentes*. I penitenti erano coloro che esclusi dalla comunità si stanno pentendo della loro azione chiedendo di essere ammessi nella comunità: questi sono esclusi dalla comunione e si trovano ai margini delle celebrazioni, non potendo partecipare agli eventuali interventi.

La remissione dei peccati e la comunione eucaristica non può essere negata ai disperati (a coloro che sono in fin di vita: senza speranza); chi di questi guarisce deve compiere la penitenza che non poteva compiere in punto di morte. I catecumeni *lapsi* (caduti dalla fede) devono far penitenza, e dopo di che possono essere reintrodotti nel gruppo degli altri catecumeni (anticamera della Chiesa). Per coloro che dopo il battesimo sono subito ammessi nel clero (derogando alle regole che prevedono una debita preparazione) per necessità contro le disposizioni ecclesiastiche ci si richiama alle disposizioni dell'Apostolo Paolo in quanto parola di autorità, allegata dichiarazione del concilio rifacendosi ad una tradizione apostolica.

Se alcuni sono stati promossi al presbiterio senza esame, e all'esame hanno confessato peccati non siano questi riconosciuti dalla Chiesa Cattolica: bisogna essere provati nella fede e nella irreprensibilità. I candidati al sacerdozio sono preparati dopo un grande periodo d'istruzione e di prova. Questo grande sinodo vieta di tenere delle donne di nascosto ai chierici (a meno che si tratti di madri, sorelle, zie, o donne al di fuori d'ogni sospetto), vieta il concubinato (non già di matrimonio in quanto all'epoca era ancora ammesso).

Già alla fine del primo secolo si era sviluppato l'episcopato monarchico poi evoluto in diocesi, e c'è un processo spontaneo come di aggregazione di queste diocesi: quando ci sono sedi episcopali prossime, città vicine che intrattengono scambi commerciali e culturali, c'è un processo spontaneo di aggregazione. Queste unità di diocesi prendevano il nome di provincie ecclesiastiche il cui capoluogo è una sede episcopale, la città più importante.

(**Can. 4**) Un Vescovo dev'essere istituito da tutti i Vescovi della provincia, o se vi sono difficoltà da almeno tre col consenso però degli assenti. Questo canone dà come presupposto l'esistenza delle provincie ecclesiastiche, presupponendo che in ciascuna provincia ci sono diversi Vescovi e ce n'è uno al quale si dà più importanza: il metropolita (della sede metropolitana). Queste province sono date spontaneamente e gli altri vescovi sono quelli suffraganei. Si dà per presupposto che un Vescovo debba essere consacrato non già da solo un Vescovo, ma da tutti o almeno tre della provincia col consenso degli altri (Viene ripresa la disciplina della *Traditio Apostolica*): tutti devono partecipare per simboleggiare la comunione. Il Vescovo non è un ufficio isolato, ma dev'essere visto all'interno del Collegio Episcopale.

Il Vescovo metropolita deve poi alla fine verbalizzare che tutto è stato fatto secondo la disciplina, ratificando la correttezza della procedura. Almeno i Vescovi devono essere tre: ("due o tre riuniti nel Mio nome"). Il **Can. 5** dice che per gli scomunicati ecclesiastici e laici, la sentenza del Vescovo abbia forza di legge e chi sia stato cacciato da alcuni non si accolto da altri, e chi sia allontanato lo sia fatto non per mera idiosincrasia. Quando uno è stato scomunicato da una diocesi non può essere in comunione con un'altra diocesi, e bisogna assicurarsi che l'allontanamento sia avvenuto giustamente, ed è il concilio provinciale a valutare che la scomunica sia stata comminata secondo la legge.

Perché questo punto abbia la dovuta considerazione è bene che in ogni provincia due volte l'anno ci siano dei concili per poter discutere di questi problemi e chi abbia mancato verso il proprio Vescovo venga scomunicato; I sinodi vengano celebrati prima della Quaresima (in modo da giungere puri alla Pasqua), l'altro in Autunno. Chi ritiene che sia stato punito ingiustamente dev'essere rivolgersi al sinodo provinciale.

Secondo la stessa logica amministrativa si discute sulla possibilità dell'ordinazione episcopale senza l'approvazione del metropolita. Viene riconosciuta autorità ad Alessandria, Roma ed Antiochia come diocesi metripolite: viene preso atto della primazia di talune città su altrettante regioni: Egitto, Libia, Pentapoli, alle quali viene riconosciuta la primazia di Alessandria; Siria, Palestina, quella di Antiochia; penisola italica, quella di Roma; ciascuna di queste sedi di fondazione apostolica mantengano i loro privilegi. Vi sono sedi che vantano una fondazione apostolica che in seguito cresceranno ed avranno una particolare preminenza. Il **Can.** 4 dice anche che non può essere eletto Vescovo colui il quale non goda del consenso del metropolita (il quale quindi gode di una preminenza giurisdizionale).

Quando poi due o tre per questioni personali dissentano su questioni legislative, prevale la disposizione della maggioranza (mai nella storia è stato espresso in modo così chiaro). All'interno di una provincia dove devono svolgersi queste discussioni ecclesiastiche, le quali possono avere unanimità o divergenze, bisogna comunque giungere ad una soluzione. Il principio maggioritario ha luogo quando due o tre dissentano sul voto ben meritato e conforme alle norme ecclesiastiche. Se le pretese della maggioranza sono ben sostenute che succede? Il Can. Non risolve questo problema: e ci si domanda su cosa possa succedere se è la versione dei due o tre ad essere giusta.

Questo canone presuppone che la *maior pars* sia anche la *sanior pars*, ma può darsi pure che il voto dei più sia quello più giusto. Nella Chiesa storicamente questo principio della *maior pars* è stato coniugato col principio della rilevanza della *sanior pars*: le entrambe parti coincidono. Nel caso in cui siano i due o tre ad essere la *sanior pars* allora bisogna necessariamente creare una gradazione di giudizio: bisogna individuare un organo superiore; nel canone non figura però tale previsione.

Nella Chiesa vanno definendosi istanze di giudizio superiore, creandosi sedi episcopali con un'autorità superiore (p.es.: Roma, Antiochia, Alessandria). E' il Concilio universale ad avere una potestà assoluta su tutta la Chiesa: ancora non si parla di Papa o di Romano Pontefice e della sua potestà assoluta superiore al Concilio. Questi canoni nominano quindi sedi prioritarie; c'è una quarta sede importante:

Gerusalemme. Del Vescovo di Gerusalemme venne detto che debba ricevere particolare onore, e siano rispettate queste prerogative, ed abbia quanto questo onore comporta salvo sempre la dignità di questa sede diocesana (suffraganea): il Vescovo metropolita era quello di Cesarea.

La sede che non compare ancora è Costantinopoli: essa non esiste ancora come città, e diverrà metropoli solo dopo Costantino. Questo tema dell'organizzazione ecclesiastica ci conduce verso la primazia del Papa, del Romano Pontefice. Il Papa ha primato di giurisdizione, e vi sono diverse spiegazioni in Occidente ed in Oriente: il Vescovo di Roma gode di un primato di giurisdizione sulla Chiesa Cattolica, e sulla terra *superior non ricognoscens*: ha il grado sommo e supremo, poiché il Papa è successore di Pietro e quindi vicario di Cristo (*Successio petrina et Vicariatio Christi*).

Nella dottrina della Chiesa Cattolica il fatto che il Papa sia il successore di Pietro fa sì che egli abbia un primato di giurisdizione su fondamento teologico: lo ha voluto Cristo, e non per sviluppi storici. Questa volontà di Cristo può essere ricavata da alcuni, chiari passi del Nuovo Testamento: il passo di Matteo 16 –

13, 20[5]. La Chiesa non è di Pietro, ma di Cristo, edificata su Pietro.

Il Pastore è Gesù, e Pietro è un affidatario di Cristo nel governo del gregge: Gesù dà a Pietro un mandato, Pietro rappresenta, ne fa le veci, è vicario di Cristo.

10. Primato Petrino

Nella interpretazione della Chiesa Cattolica il primato di giurisdizione del Vescovo di Roma si spiega teologicamente sulla base della volontà fondazionale di Cristo nel Vangelo di Matteo. Pietro è una persona ferma, solida, serissima. San Pietro scrive due lettere, in vero non molto lunghe (le lettere più lunghe e

---

[5] Essendo giunto Gesù nella regione di Cesarèa di Filippo, chiese ai suoi discepoli: "La gente chi dice che sia il Figlio dell'uomo?". Risposero: "Alcuni Giovanni il Battista, altri Elia, altri Geremia o qualcuno dei profeti". Disse loro: "Voi chi dite che io sia?". Rispose Simon Pietro: "Tu sei il Cristo, il figlio del Dio vivente". E Gesù: "Beato te, Simone figlio di Giona, perché né la carne né il sangue te l'hanno rivelato, ma il Padre mio che sta nei cieli. E io ti dico: Tu sei Pietro e su questa pietra edificherò la mia chiesa e le porte degli inferi non prevarranno contro di essa. A te darò le chiavi del regno dei cieli, e tutto ciò che legherai sulla terra sarà legato nei cieli, e tutto ciò che scioglierai sulla terra sarà sciolto nei cieli ". Allora ordinò ai discepoli di non dire ad alcuno che egli era il Cristo.

complesse sono quelle di San Paolo), ma molto concrete tanto che Cristo lo chiamò Pietro. Cristo ha scelto lui in quanto era una persona "quadrata", solida, capace di governare seguendo dei principi molto chiari. Cristo Buon Pastore affida i suoi agnelli e le sue pecore a Pietro. Pietro agisce come Vicario di Cristo, come rappresentante, e c'è un passo del Vangelo di San Luca in cui Gesù, rivolgendosi a Pietro, dice che "Satana ha vagliato gli Apostoli come il grano", che questi li ha messi alla prova: Pietro rinnega Cristo per tre volte.

Pietro morirà nella testimonianza della fede di Cristo, ma sul momento egli mostra la sua debolezza: per tre volte rinnegò Cristo prima del canto del gallo. Il primato di San Pietro si è manifestato tra il IV ed il V sec., a misura della Chiesa acquisisce che la posizione di Pietro è peculiare: Pietro gode non soltanto di onore, ma in effetti il suo ruolo nella Chiesa è di colui il quale gode di maggiori poteri rispetto agli altri. Nei primi tre secoli son rare le manifestazioni del primato di Pietro: i Vescovi governano le proprie diocesi e discutono in comune le cose che riguardano tutti quanti, tengono concili sebbene non ecumenici, ci sono problemi che toccano la vita di tutta la Chiesa: come difendere la Chiesa dalle persecuzioni e come comportarsi con coloro i quali hanno ceduto alle persecuzioni.

Questo Vescovo di Roma è spesso consultato perché nella opinione del Vescovo di Roma c'è una qualificazione speciale, anche se la sua posizione non è ancora di supremo giudice, legislatore, amministratore. San Cipriano non aveva percepito chiaramente il primato del Vescovo di Roma: parla della cattedra di Pietro come la cattedra principale (del *princeps*, di colui che è primo), ma probabilmente non ha colto la primazia assoluta del Vescovo di Roma: ritiene che è Dio l'ultimo giudice, e verso del Quale bisogna rendere conto. A partire dal IV secolo la Chiesa diventa autonoma ed indipendente ed acquisisce una certa libertà fino a quando diventa parte dell'organizzazione statale.

Questa manifestazione del primato risiede nell'attività legislativa del Papa dedicata alla Chiesa: si pone come legislatore accanto ai concili. Una chiara manifestazione della presa di coscienza che il Vescovo di Roma si è dotato di prerogative che gli altri Vescovi non hanno avviene nel Concilio di Sardica del 343: oggi è l'attuale Sofia, capitale della Bulgaria. Il Concilio di Sardica[6] del 343 non appartiene agli

---

[6] Il Concilio di Sardica (oggi Sofia) nell'Illirico si tenne nell'anno 343 e fu convocato da papa Giulio I con l'intenzione di indire un concilio ecumenico. La scelta della sede di Sardica fu dovuta alla sua neutralità fra oriente e occidente. Tuttavia l'assenza di molti vescovi orientali e l'abbandono di altri, lo rese un concilio provinciale,

ecumenici, ma dice cose importanti: dà per presupposto che ci siano i sinodi provinciali, ci sono le province, che si devono tenere i concili delle province, e che questi siano organo di giudizio per quelle province.

Quando un Vescovo viene scomunicato o dichiarato eretico, questi può appellarsi alla Sede Apostolica, a Roma. Questo ordinamento della Chiesa va strutturandosi in forma gerarchica: i conflitti che non vengono risolti in modo pacifico nei sinodi provinciali vengono posti a Roma. Colui che asserisce di essere stato ingiustamente condannato da un concilio provinciale e di avere invece una posizione giusta, può appellarsi al Papa, il quale costituirà un nuovo collegio giudicante (e quindi il Papa non giudicherà di persona). C'è una modificazione del collegio giudicante stabilita dal Papa e questi singifica che egli ha una giurisdizione superiore. Poco conta che non è il Papa a giudicare di persona, ma è comunque

---

sebbene coinvolgesse anche i vescovi spodestati dagli ariani, fra cui Atanasio, vescovo di Alessandria e futuro dottore della Chiesa. In tale concilio si confermò la fede *nicena*, contro Ario che negava la divinità del Verbo, e fu sostenuta l'innocenza di sant'Atanasio di Alessandria. Altre decisioni disciplinari riguardarono l'assenza dei vescovi dalle proprie diocesi, che fu limitata a tre settimane, e accompagnata dalla raccomandazione ai vescovi di evitare di frequentare gli ambienti di corte, in un'epoca in cui il potere politico aveva tanta influenza sulla vita della Chiesa.

lui a ritenere l'opportunità o meno di rimettere il giudizio.

Nello stabilire questa procedura - nel Concilio di Sardica si ritiene - si onora la persona del Beato Pietro: chiaramente è intesa la posizione del Vescovo di Roma come successore di Pietro, ed a Pietro era stato riconosciuto un potere superiore: al Papa spetta questa superiorità assoluta giurisdizionale sulla terra, e si riconosce questa supremazia del rapporto privilegiato che sussiste tra il Papa e Pietro: il Papa è il successore di Pietro ed in quanto tale vicario di Cristo. Quello che Cristo ha detto a San Pietro non è destinato ad esaurirsi nella persona di Pietro: è destinato a perpetuarsi nella persona dei suo successori: la stessa cosa vale per tutti gli altri Apostoli.

Quando si ricostruisce giuridicamente il primato del Papa bisogna focalizzare questi due concetti: *vicariatio Christi* e *successio petrina*: in quanto tale gode di tutte le prerogative del *de cuius*, c'è una vera e propria successione giuridica. Perché oggi Benedetto XVI e qualsiasi Romano Pontefice prima di lui gode di giurisdizione assoluta? In quanto successore di Pietro. Pietro è *Vicarius Christi*, e questa dottrina appare chiarissimamente formulata alla metà del sec. V soprattutto da Papa Leone I detto Magno il quale esprime chiaramente questi concetti: parla di sé stesso come erede indegno di San Pietro. San Leone I Magno presiede il Concilio di Calcedonia.

Queste non sono dottrine uniformemente condivise nella Chiesa: la Chiesa bizantina e quelle Chiese allontanate dall'Occidente nell'XI sec. ritengono che questo primato di Pietro in vero c'è (riconoscono una qualche posizione di preminenza) ma non di giurisdizione, ma di onore: non c'è un potere assoluto su tutta la Chiesa, e l'idea del primato sviluppata in Oriente non è tanto legata alla volontà fondazionale di Cristo (svalutando il significato dei passi evangelici), piuttosto il primato di Roma è legato alla peculiare posizione politica della città di Roma: la preminenza del Papa di Roma e del Patriarca di Costantinopoli sono legate al fatto che queste città sono capitali dell'Impero.

Nel Concilio di Nicea venne fatta menzione di privilegi di città: Alessandria, Antiochia, Roma, Gerusalemme. A Costantinopoli viene emanato un canone che dà una concezione propria del primato petrino: "Il Vescovo di Costantinopoli sia secondo al Vescovo di Roma, avrà il primato dopo il Vescovo di Roma in quanto Costantinopoli è seconda solo a Roma: è la Nuova Roma". Si vogliono enunciare le prerogative della città imperiale di Costantinopoli (Bisanzio): viene riconosciuto un primato di onore (e non di giurisdizione), facendo una sorta di graduatoria.

Importa sottolineare la ragione: c'è una città che la Vecchia Roma che gode di un primato di onore, ed una Nuova Roma che a quella è seconda.

Emerge questa idea che si farà strada in Oriente: sono due sedi importanti queste che svilupperanno prerogative giurisdizionali e sono legate alla Storia, a sviluppi politici. C'è un altro canone da prendere in considerazione: a Calcedonia viene emanato il **Canone 28** che s'intitola *"Voto sulla sede di Costantinopoli"*: "Seguendo in tutto le disposizioni dei santi padri e preso atto del canone terzo del Concilio di Costantinopoli, stabiliamo anche noi e decretiamo le stesse cose legate alla nuova Costantinopoli. I Padri concessero privilegi alla Nuova Roma uguali a quelli della Vecchia Roma, ed i metropoliti di queste zone verranno consacrati dalla santissima sede di Costantinopoli." Consacrare questi Vescovi singifica attribuire a questa città (ed a questo Vescovo) una primazia su quel territorio (Impero Orientale). Si fa saldo il sistema di Costantinopoli e si aggiunge la giurisdizione ecclesiastica esclusiva sull'Impero d'Oriente attribuita alla Nuova Roma.

La evangelizzazione veniva da Oriente e si sviluppò mediante Cirillo e Metodio[7] nelle zone slave.

---

[7] Costantino, meglio noto con il nome monastico di *Cirillo* (greco: Κύριλλος, cirillico: Кириль; Tessalonica, 826 – 14 febbraio 869), fu evangelizzatore di Pannonia e Moravia nel IX secolo ed inventore

I Vescovi di queste cinque sedi episcopali acquisiscono il titolo di Patriarchi: Roma per Occidente; Costantinopoli, Antiochia, Gerusalemme ed Alessandria si ripartiscono l'Oriente. Leone I Magno, che aveva elaborato il principio della primazia sulla Chiesa, non fu entusiasta della delibera dell'ultimo Concilio: in questo modo Roma avrebbe avuto primazia solo perché è capitale dell'Impero, ma Leone affermava, al contrario, che la primazia derivasse dal primato petrino: la vera ragione del primato di Roma risiede nella volontà fondazionale di Cristo.

Quando Leone I Magno ricevette i documenti dei suoi delegati partecipanti al Concilio, approvò tutti i canoni tranne il **28**. Il Papa non accettava la concezione del primato formulata dal concilio, e questi esercita il suo potere primaziale: ritiene che il **Canone 28** non abbia ecumenicità in quanto non approvato dal Vescovo di Roma (ponendosi più in alto rispetto a tutti i Vescovi, e rispetto al Concilio): in Oriente invece questo Canone fu un caposaldo della organizzazione gerarchica. In Occidente Roma ha un primato su fondamenta teologiche, ma per l'Oriente il primato è solo politico.

---

dell'alfabeto glagolitico. È venerato come santo dalla Chiesa cattolica e dalla Chiesa ortodossa assieme al fratello Metodio (greco: Μεθόδιος, cirillico: Меѳодїи; Tessalonica, 815 – Velehrad, 6 aprile 885) anch'egli evangelizzatore bizantino dei popoli Slavi.

Questo attiene alla particolare concezione bizantina del primato romano, e verrà sviluppata dottrinariamente nel corso dei secoli. Per la Chiesa latina il primato di giurisdizione risiede nel Papa e nel Collegio Episcopale (l'insieme di tutti i Vescovi) il quale è titolare del potere supremo solo insieme al suo *caput* e mai senza: non è ammissibile un potere del Collegio espresso in difformità della volontà del Papa. Il Papa anche da solo può esercitare questo primato di giurisdizione e per i bizantini allora nella Chiesa c'è un primato: Cristo ha disegnato una Chiesa con un titolare del potere supremo, c'è chi può parlare a nome della Chiesa ma questo soggetto è il Collegio Episcopale all'interno del quale c'è il Vescovo di Roma, ma anche di Costantinopoli, ma anche delle altre sedi: una delibera della Chiesa è veramente universale solo quando gode dell'assenso dei cinque patriarchi.

Questa è la dottrina della pentarchia, con il governo di Roma, Costantinopoli, Antiochia, Gerusalemme, Alessandria, e la dottrina è costruita molto significativamente: le cinque sedi sono i cinque sensi, tutti necessari (si veda dottrina paolina delle membra della Chiesa), e nessuno prevale sull'altro, ma quando uno di questi manca il Corpo è menomato. Non è perfetto un Corpo che manca dell'organico funzionamento dei cinque sensi, dei cinque patriarchi, ed il Vescovo di Roma non sarebbe altro che un *Primus inter pares*. Questa dottrina verrà sviluppata nel corso dei secoli e distingue tutt'ora la Chiesa latina dalle Chiese orientali, nel modo con cui i bizantini l'hanno concepita. Il ruolo di questo Vescovo di Roma sarà diversamente concepito ad Oriente ed in Occidente.

Per l'Oriente i Concili sono stati solo quelli del primo millennio e poi non ve ne sono stati più: ci sono stati dei tentativi di Concili Panortodossi, consapevoli i patriarchi di non essere tutta la Chiesa. Vi è però un dialogo ecumenico che vuole la riunificazione di tutti i cristiani, ma le differenze sono enormi.

Una delle prerogative del primato papale risiede nella legislazione: un Papa ha coscienza di agire come legislatore per la Chiesa universale e questa idea matura dal IV al V sec. Questo diritto della Chiesa si è andato sviluppando fino al V sec. dai Concili, dalla loro attività di raccolta teologico ed ecclesiastica. Questa legislazione papale a partire dal sec. IV in poi assume una veste peculiare che manterrà nel corso dei secoli: il Papa pone norme giuridiche nella Chiesa e si pone come Papa legislatore accanto ai Concili o ai Vescovi nelle proprie Diocesi, e utilizza dei documenti che sono tecnicamente lettere. Il termine che compare nelle forme di *Epistulae Decretales* (Lettere Decretali, che contengono un decreto: provvedimento amministrativo con forza di legge). Questa espressione figura in questi termini, ma spesso viene omessa la prima parola (*Epistula*) e si parla solo di *Decretalis*, *Decretales* o Decretale.

Non conosciamo lettere decretali nei primi tre secoli della Chiesa, ma ciò non vuol dire che il Vescovo di Roma non abbia fatto sentire la sua voce in questi tre secoli: le fonti attestano che da varie aree della Chiesa ci si rivolgeva a Roma per sapere come la pensava il Vescovo di Roma in materia di un determinato argomento. Nel 96 d.C. c'è una lettera di Clemente Romano ai Corinzi: il Vescovo di Roma esorta i fedeli di Corinto a raggiungere una pacificazione e di riconoscere la giurisdizione del proprio Vescovo: non ci sono precetti giuridici, ma è manifestazione del ruolo del Vescovo di Roma al di fuori della propria diocesi: si ingerisce nelle questioni di altre diocesi; ma a che titolo?

Dal 366 al 384 vi fu Papa Damaso[8], ed a questo viene attribuita la prima decretale indirizzata ai

---

[8]   Damaso   I (Roma o Guimarães o Idanha-a-Velha), 305 ca. – Roma, 11 dicembre 384) fu il 37° papa della Chiesa cattolica, che lo venera come santo. Regnò dal 1° ottobre 366 alla sua morte. In un periodo piuttosto burrascoso per il cristianesimo, Damaso difese con vigore l'ortodossia cattolica. In due sinodi romani (368 e 369) condannò fermamente l'apollinarismo e il macedonianismo; inviò i suoi legati al Concilio di Costantinopoli (381), convocato contro le suddette eresie. Nel sinodo romano del 369 (o del 370) scomunicò Aussenzio, il vescovo ariano di Milano che, comunque, mantenne la sede fino alla sua morte, nel 374, quando fu sostituito

Vescovi della Gallia (alcuni l'attribuiscono al suo successore); la seconda decretale è del 385 di Papa Siricio al Vescovo Imerio d'Arragona. Le decretali sono risposte con chiarimenti che vengono inviate quindi non *motu proprio* dal Papa: i Vescovi non potendo prendere decisioni unilaterali senza confrontarsi col resto della Chiesa chiedono al Vescovo di Roma, e non ad un'altra persona. I Vescovi della Gallia si erano riuniti in Concilio ed aveva insieme deliberato di non poter dare una risposta certa

---

da Ambrogio. Priscilliano, scomunicato come eretico dal Sinodo di Saragozza (380) si appellò invano a Damaso. Fu Damaso che invitò san Girolamo ad intraprendere la sua famosa revisione delle antiche versioni latine della Bibbia (Vulgata). San Girolamo fu anche suo segretario privato per qualche tempo (*Epistola* CXXIII, n. 10). Grazie al suo impegno, la Chiesa orientale, nella persona di Basilio di Cesarea, ne implorò l'aiuto e l'incoraggiamento contro il trionfante arianesimo; tuttavia, il papa nutrì sempre dei sospetti nei confronti del grande Dottore di Cappadocia. Sulla questione dello scisma meleziano ad Antiochia di Siria, Damaso, con Atanasio e Pietro (che ospitò a Roma durante il suo esilio) parteggiò per la fazione di Paolino, considerato più rappresentativo dell'ortodossia di Nicea; alla morte di Melezio, Damaso cercò di assicurare la successione a Paolino (Socrate Scolastico, *Historia Ecclesiastica*, V, XV). Il pontefice sostenne, inoltre, l'appello dei senatori cristiani all'Imperatore Graziano per la rimozione dell'altare della Vittoria dal Senato (Ambrogio, *Epistola* XVII, n. 10) e sotto il suo pontificato fu emanato il famoso Editto di Tessalonica di Teodosio I, (27 febbraio 380) che proclamava religione ufficiale dello Stato romano la dottrina di cui Damaso era il capo supremo (*Cod. Theod.*, XVI, 1, 2).

su talune questioni, chiedendo quindi al Papa la soluzione.

Imerio diceva che nella sua diocesi esistevano ariani convertiti al cattolicesimo, e domandava se doveva ribattezzare questi, e come dovevasi comportare: il Papa rispose di porre loro la mano per assolvere quelle persone dalla loro colpe senza reimpartire loro il battesimo (Sant'Agostino dice che il Battesimo non può essere riconferito in quanto è un sacramento universale indelebile). Papa Siricio stabiliva le sanzioni per quei cristiani che dopo essersi battezzati continuavano a partecipare alle cerimonie pagane. Ai Vescovi della Gallia viene impartito di non contrarre matrimonio (a tutti i Chierici). C'è una richiesta che proviene da parti diverse della Chiesa di Vescovi che non sanno come comportarsi di fronte a talune questioni, volendo ascoltare la soluzione del Papa: le *decretales* contengono decisioni, hanno contenuto precettivo, e non c'è alternativa.

E' ridottissimo l'intervento dei Papi in materie relative alla Chiesa d'Oriente: il Papa interveniva solo in Occidente.

11. Legislazione papale e diritto dell'Alto Medioevo

I Papi "legiferano" per rescritto: vi è una *imitatio imperii* in quanto viene utilizzata una tecnica propria dell'Impero Romano. Dal punto di vista delle forme della legislazione papale, questa del rescritto non è l'unica possibile: nella Storia i Papi adotteranno la forma della *Constitutio*. Mentre il rescritto ha un destinatario particolare, la *Constitutio* ha la forma della legge generale ed astratta e quasi sempre il destinatario è ampio: le encicliche sono dirette a tutta la Chiesa (lettera circolare). La *Constitutio*, rispetto al rescritto, è generale ed astratta. Il Papa che legifera è un Papa che in questa azione si basa pure sulla tradizione, sulle norme dei concili generali che si sono tenuti fino a quel tempo. Il Papa non si inventa le soluzioni, ma le deriva da quelle già prodotte. I pontefici dicono che la regola trasmessa si basa sulla tradizione dei Papi, e non si sta innovando, ma si sta rinnovando cose che i predecessori avevano già adottando in passato.

La legislazione papale va sviluppandosi anche col riconoscimento della potestà normativa da parte dei Vescovi delle svariate Chiese (diocesi) sparse per il mondo d'Occidente. In Occidente il Papa matura un primato di giurisdizione, e questa legislazione papale è affidata a lettere. Questa lettera decretale viene inviata a chi ha fatto la richiesta d'informazione: la cosa si esaurisce lì con una serie di rapporti diretti che si moltiplicano e ripetono ad oltranza; in vero la Chiesa sviluppa un naturale interesse alla conoscenza della regolamentazione: si vuol sapere come una determinata fattispecie sia stata disciplinata dal Papa.

Il Papa a Roma riceve un numero ingente di lettere che conserva in un archivio (l'Archivio della Sede Apostolica: *Cartarium Romanae Ecclesiae*); ma il Papa conserva anche le proprie risposte e nulla è lasciato al caso. Anche i Vescovi delle varie diocesi detenevano archivi delle lettere inviate al Papa. Più importante è la città, più importante è il Vescovo, più ampia è la corrispondenza in quanto questo si fa rappresentante delle diocesi suffraganee. Questo materiale viene raccolto, accumulato, quale che sia la provenienza, perché è utile per la gestione degli affari della Chiesa universale. In ogni provincia dovevasi svolgere due volte l'anno un concilio, il quale avrebbe prodotto norme: vennero celebrati innumerevoli concili, ed ognuno di questi produsse un numero di norme altrettanto grande.

Questo interesse si instaurò non solo per le questioni universali, ma anche per quelle particolari: vennero elaborate per l'appunto delle produzioni canoniche. S'immagina che a Roma ci sia tutto: canoni dei concili, lettere, costituzioni, decretali, sacri testi, etc. Anche i Vescovi però devono avere delle raccolte al fine di governare le proprie Chiese. Vi è una fase storica in cui queste raccolte canoniche si moltiplicano: dalla seconda metà del V sec., prima metà del VI sec. Questi anni sono stati chiamati quelli della "rinascenza gelasiana" (Gabriel Le Bras[9]): vi fu una grande fioritura canonica e di collezioni che corre parallela con l'intensificarsi dell'attività normativa dei Papi.

Ci sono pervenuti i testi, i manoscritti dell'epoca che attestano la presenza di questi materiali canonici, e dal supporto, e da altre varie caratteristiche si possono individuare le datazioni. Una importante collezione è

---

[9] Gabriel Le Bras nato a (Paimpol il 23 luglio 1891; morto a Parigi il 18 febbraio 1970) fu insigne giurista e sociologo della religione. Professore di diritto e membro della *École française de Rome* (Scuola Francese di Roma, EFR: un istituto francese di ricerca storica, archeologica e di scienze sociali) per il biennio 1925-1926, Le Bras insegnò all' Università di Strasburgo, e, dal 1931 all'Università di Parigi dove esercitò con la cattedra di Storia del diritto canonico. Fu direttore della V sezione fino al 1965, poi della VI, alla *École Pratique des Hautes Études* (Scuola Pratica di Alti Studi) e preside della Facoltà di diritto dell'Università di Parigi. Inoltre fu professore all'*Institut d'études politiques de Paris* (Istituto di Studi Politici di Parigi). Successore di Louis Canet, divenne, dal 1946 sino alla sua morte, consigliere del ministero degli Affari Stranieri con delega agli Affari Religiosi, e fu eletto membro dell'*Académie des sciences morales et politiques* (Accademia di scienze morali e politiche) nel 1962. Fu, infine, Presidente dell'associazione degli storici delle facoltà di diritto. È considerato uno dei maggiori fondatori della Sociologia religiosa in Francia.

la Dionisiana prodotta da Dionigi[10] (o Dionisio) l'esiguo (o il piccolo): questi proveniva dalla Scizia, nei pressi del Mar Nero, si trasferì a Roma dove la lingua diffusa è il latino (ma era greco madrelingua). Soprattutto per i concili tenuti in Oriente la difficoltà della diffusione era dovuta alla differenza della lingua: necessitava tradurli.

Ci sono giunte diverse versioni di questi canoni attraverso concili (universali e particolari), ed il ruolo di questo Dionisio il piccolo deriva probabilmente dall'impulso di Papa Gelasio I[11] e dei suoi successori: lo scopo era quello di dare un'equa traduzione di questi canoni e la traduzione ci è pervenuta in tre versioni

---

[10] Dionigi il Piccolo (in latino: *Dionysius Exiguus*; V secolo – VI secolo) fu un dotto monaco originario della Scizia, che visse a Roma tra la fine del V e l'inizio del VI secolo. È famoso per avere calcolato la data di nascita di Gesù, collocandola nell'anno 753 dalla fondazione di Roma, e per avere introdotto l'usanza di contare gli anni a partire da tale data (*anno Domini*). Così, essendo il fondatore dell'era cristiana, al giorno d'oggi congiuntamente al calendario gregoriano (dall'anno 1582) di gran lunga il sistema cronologico più esteso sulla terra, Dionigi è stato anche il fondatore della cronologia storica generale. Oggi, tuttavia, la maggioranza degli studiosi ritiene che la data di nascita di Gesù vada collocata, in base all'interpretazione dei vangeli, tra il 7 e il 4 a.C., quindi alcuni anni prima della data calcolata da Dionigi.

[11] Gelasio I (Cabilia, ... – Roma, 21 novembre 496) fu il 49° Papa della Chiesa Cattolica, che lo venera come santo. Il suo papato durò dal 1° marzo 492 alla sua morte.

(furono fatte tre redazioni): la prima si presenta come una collezione in due parti (*liber canonum*: che raccoglie canoni conciliari; *liber decretorum*: raccolta di decretali papali da Siricio ad Anastasio). Dionigi mette insieme le due fonti principali; il concilio ed il Papa: non si è limitato a fare una raccolta, ma fece una traduzione accurata precedendo il testo da una prefazione. Egli dice di aver voluto fare quest'opera in quanto era stato infastidito dall'imprecisione di una antica traduzione di questi canoni. Chi a Roma non conosceva il greco non poteva avere una percezione della coerenza delle traduzioni.

La traduzione dionisiana si caratterizza per una particolare precisione e proprietà del vocabolari. A differenza della seconda versione, della terza versione non ci è pervenuto l'intero testo: soltanto il prologo. Si ritiene che egli avrebbe voluto fare una versione dove la traduzione fosse interlineare. Lo scopo era quello di raccogliere la disciplina della Chiesa Universale, il patrimonio complessivo della Chiesa. In questa collezione si legge la serie de concili ecumenici, provinciali orientali (Antiochia, Neocesarea, Lauricea, Sarnica, Efeso, Calcedonia, Cartagine) sono solo provinciali ma anche plenari di grande aree orientali od africane, canoni apostolici (*Canones Apostolorum*). L'Occidente è rappresentato dai canoni africani, ed il diritto della Chiesa si basa quindi su canoni e decretali.

E' significativo che questo sia avvenuto in Occidente e non in Oriente: Dionisio aderisce alle prese di posizione della Chiesa romana su alcune posizioni importanti: tra i concili c'è anche quello di Calcedonia, ma non è stato trascritto il **canone 28** (quello non approvato da Papa Leone I Magno): si preoccupa dell'autenticità di questi materiali, e nella terza versione lui dice di aver voluto togliere di mezzo i canoni apostolici poiché non godono del consenso della Chiesa Universale: si poneva il problema dell'autenticità. In Oriente mantennero comunque un'importantissima autorità questi Canoni Apostolici. Questa collezione fu composta fra gli ultimi anni del V sec. e gli inizi del VI sec. e secondo le convenzioni cronologiche si è già nel Medioevo. L'importanza di questa collezione è data dal fatto d'essere una *summa* delle diverse aree geografiche, al fine di dare una guida a colui il quale deve governare la Chiesa, nasce con questo intento, e venne ricopiata con un numero indefinito di copie (varie centinaia).

Un'autorevolezza tale ha goduto questa collezione da essere definita come collezione della Chiesa romana, del Papa: questa collezione fu custodita a Roma nel corso dei secoli. Questa collezione nel 774, sotto Papa Adriano I venne consegnata a Carlo Magno sotto il nome di *Adriana*. Ebbe una grandissima diffusione tanto che Graziano attinse da questa collezione. Nell'Alto Medioevo cambiano le organizzazioni istituzionali in cui la Chiesa vive e avviene una frammentazione politica che è anche causa di una certa frammentazione disciplinare che induce alla formazione delle Chiese nazionali. La Chiesa sorge, vive e si sviluppa nel contesto dell'Impero Romano. Costantinopoli (Bisanzio) mantiene l'Impero in Oriente, ma nell'Occidente dopo il 476 non c'è più l'Impero Romano.

Gli Imperatori che siedono a Costantinopoli ritenendo di detenere l'intera *iurisdictio in toto*, in vero non godevano più del controllo in Occidente. Maometto II conquistò Costantinopoli nel 1453. I movimenti delle popolazioni germaniche frammentano e destituiscono il potere romano in Occidente, e si istituiscono i regni romano-barbarici. Così grande è la frammentazione che si formano regni in tutta Europa ed uno (importantissimo) è quello formato in Gallia (Regno dei Franchi), nelle isole britanniche (Regno degli Angli, dei Sassoni, etc).

I Goti si divisero in Goti dell'Ovest (Visigoti) e Goti dell'Est (Ostrogoti): i Visigoti si stanziano nella penisola iberica formando il Regno dei Visigoti. Nella penisola italica si stanziarono prima gli Ostrogoti, e poi i Longobardi: queste popolazioni assumeranno la lingua romana (latina) e dal paganesimo si convertiranno al cristianesimo ariano (e non calcedoniano-cattolico). I Germani o sono pagani o sono ariani, rari sono i germani cattolici. I Franchi si sono convertiti assieme al Re Clodoveo. Il Regno Longobardo convive coi bizantini, e quindi l'Italia è terra di confine tra Occidente germanico e Oriente bizantino.

Nel 553 Giustiniano riconquistò il meridione d'Italia, che restò bizantino fino al secolo XI. Un caso particolare è quello della Sicilia: fu riconquistata da Giustiniano ma a partire dal IX (827) fu conquistata dagli Arabi (fino all'XI) fino a che non venne conquistata dai Normanni. C'è incertezza, commistione di popoli, lingue, culture e religioni. I barbari (non-romani) sono portatori di altre civiltà, di altri costumi, stanziandosi in una terra greco-latina: numericamente questi barbari costituiscono una minoranza, ma man mano vanno fondendosi con la popolazione locale: la forza è stata dovuta al fatto che questi popoli erano eserciti.

Da questa fusione viene fuori un mondo nuovo romano-germanico con conseguenze notevolissime per lo sviluppo della civiltà europea del Medioevo. Si è frammentato l'aspetto istituzionale che fino a prima era tenuto insieme da magistrature ed eserciti. Le nuove istituzioni sono vari regni romano-germanici con le proprie organizzazioni di Governo. Dal punto di vista della Chiesa c'è una frammentazione istituzionale: i nuovi cristiani non appartengono ad un'unica cultura: vi sono diversi costumi, diverse lingue (per non parlare della religione).

C'è un rinnovamento delle Chiese che si organizzano in nazioni: si sviluppa un Diritto Canonico che è frutto d'innovazioni. Quello che importa osservare che questa realtà nuova di queste Chiese nazionali è in alcuni casi oggetto di repressione, in altri casi fertile oggetto di fioritura. La *natio* è l'insieme di coloro i quali hanno la medesima origine (nascita, luogo di). C'è un'intensa attività conciliare che si tramuta in diritto, ed in particolar modo la Chiesa dei Visigoti (stanziata in Spagna) ebbe una fine nel 711 a seguito della conquista Araba. Nel 589 un re dei Visigoti (Recaredo) dall'arianesimo si convertì al cattolicesimo. Un aspetto importante è l'autorità che il re esercita sulla Chiesa: il re è un erede dell'imperatore, ed esercita il ruolo di custodia e tutela sulla Chiesa.

Nel Regno di Toledo (Visigotico), si svolgono dei concili che hanno una natura bifronte: concili ecclesiastici e grandi assemblee del regno (*milites*, fedeli del re, etc): è un'assemblea ecclesiastico-secolare e le deliberazioni sono canoni conciliari che sono anche leggi civili. Questo è un indice della commistione tra sacro e profano dove prevarrà poi il potere civile: il Re governa la Chiesa. Tra VI e VII sec. è stata scritta la collezione *Hispana* o *Isidoriana*

(Vescovo di Siviglia intorno al 636). Questa collezione ci è pervenuta in tante edizioni, sempre più arricchite: i concili aggiungevano sempre elementi d'innovazione ed aggiornamento.

Questa collezione *Hispana* ha sempre salda la base del Diritto Canonico del V sec. che però presenta novità particolari: l'elezione dei Vescovi avveniva dal clero e dal popolo, con la consacrazione ad opera di un altro Vescovo (meglio tre). In questi regni germanici la volontà popolare veniva manifestata da colui il quale godeva del consenso del popolo, da un rappresentante del popolo: il re. Il Monarca ha il predominio anche sulla Chiesa, e tutta la Storia della Chiesa è stata caratterizzata da questa prevalenza del potere civile, secolare sulla Chiesa.

Mutano le condizioni istituzionali e cambia il modo con cui si interpreta il consenso del popolo. Alcune di queste innovazioni si spegneranno, altre avranno ampio frutto: si pensi alla Chiesa in Irlanda.

12. Evangelizzazione dell'Irlanda e Regno dei Franchi

I secoli dell'Alto Medioevo sono di alta diffusione del Cristianesimo, affermandosi pienamente in tutto il Mediterraneo, estendendosi anche nell'Europa e nelle isole britanniche. E' fiorente l'operato delle missioni ecclesiastiche secondo la tradizione Occidentale ed Orientale. La Russia fu cristianizzata dai bizantini, l'Europa dai romani. A Sud dell'Egitto, in Etiopia, c'è Cristianizzazione già a partire dal IV sec., e l'evangelizzazione toccò la Persia, la Mesopotamia, la Russia asiatica, l'India, la Cina. L'Irlanda non aveva mai fatto parte dell'Impero Romano, a differenza dell'Inghilterra (escluso la Scozia, separata dall'Inghilterra dal Vallo di Adriano[12] che taglia l'isola da costa a costa).

---

[12] Il Vallo di Adriano (in latino: *Vallum Aelium*) era una fortificazione in pietra, fatta costruire dall'imperatore romano Adriano nella prima metà del II secolo d.C., che segnava il confine tra la provincia romana occupata della Britannia e la Caledonia (ovvero l'attuale Scozia). Questa fortificazione divideva l'isola in due parti. Il vallo di Adriano faceva parte del limes romano e venne costruito per prevenire le incursioni delle tribù dei Pitti che calavano da nord. Il nome viene ancor oggi talvolta usato come eufemismo per indicare il confine tra Scozia e Inghilterra, anche se il muro non seguiva il confine attuale. Il muro rappresentò il confine più settentrionale dell'Impero Romano in Britannia per gran parte del periodo di dominio romano su queste terre; era inoltre il confine più pesantemente fortificato dell'intero impero. Oltre al suo impiego come fortificazione militare, si ritiene che le porte di accesso attraverso il vallo siano servite come dogane per permettere la tassazione delle merci.

Il Cristianesimo si pianta in Irlanda mediante San Patrizio[13] (l'Apostolo degli Irlandesi), il quale proveniva dal continente. Il problema di questa nuova istituzionalizzazione comporta un processo di inculturazione della Chiesa: questo processo non è lo stesso nelle diverse parti del mondo cattolico. Questo Cristianesimo si impianta anche nelle terre in cui l'Impero Romano non mise piede: l'Irlanda è fortemente ruralizzata, non esistevano le città, e le popolazioni erano sparse per le campagne con insediamenti sparsi. Manca tra il IV ed il V sec. la struttura cittadina, complesso nel quale il cristianesimo fiorì. I pagani erano gli abitanti del *pagus*, e l'evangelizzazione avveniva nelle città, nelle piazze.

Il Vescovo siede nelle città, ma in Irlanda non ci sono strutture urbane: la diffusione del cristianesimo nell'isola d'Irlanda è dovuta a monaci, a persone che appartengono allo *status* dei religiosi, persone che hanno consacrato la propria vita a Dio, mediante

---

[13] Patrizio d'Irlanda, nato con il nome di Maewyin Succat, scelse successivamente il nome latino di Patrizio (Bannaventa Berniae, 385 – Saul, 17 marzo 461), fu un vescovo e missionario irlandese di origini scozzesi. Assieme a San Columba di Iona ed a Santa Brigida d'Irlanda è il patrono dell'Irlanda. Era figlio di Calphurnius e Conchessa, appartenenti ad una famiglia nobile romana. Viene festeggiato da tutta la comunità irlandese del mondo il 17 marzo, data della sua morte.

l'emissione dei voti di castità, povertà ed obbedienza. Questi religiosi però non hanno ricevuto l'ordine sacro, ma affinché ci sia una Chiesa è necessario che ci sia una struttura istituzionale, un Vescovo, un successore apostolico.

Dal punto di vista delle istituzioni ecclesiastiche, la popolazione si converte ed il centro della vita religiosa divengono i monasteri, che sono centri di irradiazione della fede cristiana, ma non basta un monaco perché ci sia una Chiesa nel senso vero del termine. I monaci vivono nel monastero, fanno vita comune, ed hanno un capo: l'Abate. L'Abate esercita una giurisdizione sui monaci, ma in Irlanda accade una cosa particolare: questo esercita giurisdizione anche sul popolo. I Vescovi, una volta giunti, esercitano la potestà di ordine, vivono all'ombra dei monaci. Per celebrare l'Eucaristia, per riconciliare, comunicare, servono i presbiteri, per ordinare, confermare, servono i Vescovi.

In Irlanda c'è una dicotomia particolare: è l'Abate ad esercitare la potestà di giurisdizione, ed il Vescovo invece esercita la potestà d'ordine. Questa è una situazione anomala che però verrà corretta: non si può parlare di Diocesi in questo contesto, poiché in mezzo a tante campagne si trova talvolta un monastero, ed è questo ad organizzare la vita religiosa del popolo circostante, la potestà d'ordine però non può che essere esercitata dai sacri ministri. L'XI secolo è di Riforma (Gregoriana), e la Chiesa ha corretto le istituzioni in tutto il mondo Cattolico. I delegati del Papa arrivati in Irlanda hanno riorganizzata l'Irlanda così come era organizzata nel resto del mondo: Diocesi metropolita, Diocesi suffraganee, Episcopato monarchico, presbiterio, etc.

Nell'isola per parecchi secoli la situazione quindi era diversa dal resto del mondo sebbene l'ambiente fosse Cattolico: nasce una serie di istituzioni che però porta frutto, per esempio il Sacramento della Penitenza auricolare e reiterabile. Nasce una nuova prassi che innova il sistema penitenziale della Chiesa antica. Cristo ha conferito agli Apostoli il potere di rimettere i peccati, e nel passo sulla correzione fraterna venne detto che la parola della Chiesa era definitiva. Nella Chiesa antica il sistema penitenziale si basava su questo potere affidato da Cristo agli Apostoli, ma si svolgeva in un modo completamente diverso da come è adesso: il sistema penitenziale era pubblico.

La penitenza si faceva in pubblico: il peccatore andava dal Vescovo a confessare i propri peccati quando questi peccarti fossero occulti; quando questi peccati erano invece manifesti, il peccatore veniva invitato dallo stesso Vescovo a fare penitenza. Il cammino penitenziale avrebbe portato il penitente a riconciliarsi con la Chiesa. Il peccatore grave è in condizione di scomunica dalla Chiesa: ma il penitente, in quanto tale, vuole essere reintrodotto nella Chiesa e riconciliarsi con essa, ricongiungendosi con la comunità religiosa e partecipando alla Comunione. Questo penitente andando dal Vescovo chiedeva d'essere messo in penitenza: il Vescovo ammettendolo lo poneva in penitenza, e la penitenza pubblica era tremenda! Questo penitente entrando in Chiesa durante una celebrazione religiosa, chiedeva la penitenza.

Il Vescovo poneva l'espulsione simbolica: "Esci fuori perché non sei degno/a". Questi non partecipava al rito, assieme ai catecumeni e stavano nel nartece. I penitenti erano colpiti da alcune incapacità: non potevano stare in giudizio, ricoprire cariche pubbliche, non potevano sposarsi, non potevano compiere atti coniugali col proprio coniuge, non potevano partecipare alla Comunione Eucaristica, etc. Compiuta la penitenza per un tempo che veniva indicato a discrezione del Vescovo, il penitente poteva essere riammesso alla Comunione ecclesiastica, ma i problemi erano ingenti. La penitenza pubblica si poteva fare una sola volta nella vita, e questa era la prassi. Questo penitente stava in questa condizione, e faceva penitenza in questa condizione di incapacità; essendo unica la penitenza non si poteva più fare nella vita.

I Vescovi dissuadevano le persone a fare questa penitenza pubblica in alcune condizioni, e si tendeva a far fare penitenza agli anziani, ai vecchi. La pesantezza di questa disciplina comportava che la penitenza fosse poco praticata, le persone facevano raramente penitenza: veniva chiamata seconda penitenza (la prima era il Battesimo). La *penitentia secunda* è quella praticata dopo al Battesimo. Rimaneva però la grande misericordia di Dio, e questo la Chiesa lo sa bene. Il **Canone 13** del Concilio di Nicea è dedicato alla penitenza: "Nessuno sia privato del perdono in caso di morte, ma se poi il moribondo guarisce sia ammesso entro coloro i quali partecipano alla sola preghiera". La Chiesa non ha mai negato il perdono.

Questo sistema rimane in piedi fino al VI secolo, fino a che non viene introdotto da questi monaci Irlandesi il sistema della penitenza privata o tariffata. Mentre la penitenza pubblica comportava la confessione davanti all'assemblea con l'entrata nel sistema della preghiera, la confessione privata prevede una confessione in privato condotta dal sacerdote. Dall'Irlanda viene diffuso sul continente questo sistema che prende subito piede in quanto risolve la problematicità della penitenza pubblica: mentre quella si poteva fare una sola volta nella vita, quella privata è reiterabile un numero indefinito di volte.

Il sistema penitenziale antico viene sostituito da questi monaci irlandesi con quello tariffato: ogni peccato prevede una determinata penitenza, o quantità di penitenza. Solitamente la penitenza è preghiera e digiuno, e la penitenza si misura in numero di preghiere e giorni, o settimane, o mesi, o anni, di digiuno. Come conosciamo noi questo sistema della penitenza tariffata? Attraverso dei libretti che erano lo strumento del confessore, del sacerdote. Il ministro della penitenza nella Chiesa antica era il Vescovo, ma nel sistema privato, auricolare, reiterabile basta che sia un presbitero.

I libretti presero il nome di "Penitenziali", che contenevano tariffe: a tale peccato, tale penitenza. Questo sistema consente la confessione privata, consente di compiere penitenza un numero infinito ("settanta volte sette" cit.) di volte. Si prestava però a possibili abusi: era possibile fare la commutazione delle pene: la persona che aveva subito sette anni di digiuno (Pane e acqua) poteva commutare la pena in altro modo: il penitente poteva offrire dei soldi alla Chiesa, la commutazione poteva essere anche vicaria: poteva pagare una altra persona a fare penitenza al posto suo: si pagavano sette persone ed ognuno si faceva un anno di penitenza, o si pagavano quattordici persone che facevano sei mesi di penitenza ciascuno, o si pagavano ventotto persone che facevano tre mesi di penitenza ciascuno.

Il sistema vigente è uno sviluppo del sistema irlandese nato a partire dal VI secolo. Uno di questi monaci fu San Colombano[14] che dall'Irlanda andò in Francia e poi in Italia ove fondò a Bobbio un monastero (presso Piacenza). La concezione di questa penitenza era quella di medicina: il peccato è un'infermità dell'anima, e se nelle infermità c'è bisogno di un medico, il sacerdote (medico) impone la medicina (penitenza). In Occidente l'ultimo esempio di libro penitenziale è un opera scritta nell'XI sec. dal Vescovo

---

[14] San Colombano (Navan, 542 circa – Bobbio, 23 novembre 615) è stato un monaco, abate e missionario irlandese, noto per aver fondato numerosi monasteri e chiese in Europa. È conosciuto anche con altri nomi, impropri e più rari, quali *san Colombano di Luxeuil* (in Francia) o *san Colombano di Bobbio* o *san Columba il Vecchio*. In gaelico è chiamato *Colum*. Tramite le sue numerose fondazioni contribuì alla diffusione   in Europa del monachesimo   irlandese.   Stabilì una regola monastica che in seguito si assimilò a quella benedettina e fu definitivamente abrogata anche formalmente nel 1448 da papa Niccolò V. Introdusse con il *Paenitentiale* l'uso della confessione privata in sostituzione di quella pubblica per il sacramento della penitenza. Papa Benedetto XVI lo ha definito "*santo europeo*". Infatti, San Colombano stesso scrive in una lettera che gli europei devono essere un unico popolo, un "corpo solo" che viene unito da radici cristiane in cui le barriere etniche e culturali vanno superate; inoltre usa per la prima volta l'espressione latina "*totius Europae*".

Burcardo di Worms[15] il quale fu autore di una compilazione canonica chiamata *Decretum*, ed il diciannovesimo libro del *Decretum* è proprio un libro penitenziale (*Corrector sive medicus*). Il sistema della penitenza antica si estinse e questa innovazione portata dall'Irlanda era ben chiara agli uomini dell'epoca. Nel 589 a Toledo i Vescovi legati al sistema della penitenza antica hanno saputo di persone venute in Spagna con libretti.

Il risultato della penitenza è che dal faticoso vecchio sistema si passò al nuovo procedimento privato in cui la remissione dei peccati si ha con l'assoluzione (la penitenza viene imposta come necessaria, ma il cammino è interiore e non più pubblico). Questo principio ha delle conseguenze giuridiche molto importanti: la *restitutio* comporta l'adoperarsi per la restaurazione della cosa lesa.

I Franchi furono un popolo che ebbe una grande importanza: un re fu Carlo Magno il quale divenne Imperatore del Sacro Romano Impero, incoronato la notte di Natale dell'800. I Franchi si stanziarono al

---

[15]   Burchardus   da   Worms detto   anche Burchardo Vorminientis (950 – 20   agosto 1025)   è   stato   un vescovo cattolico e giurista tedesco. Burchardus da Worms (* um 965; † 20. August 1025) è stato vescovo di Worms nel Sacro Romano Impero e autore di 20 volumi di *Regulæ Ecclesiasticæ* note anche come *Brocardica, Regulaeæ   Burchardicæ, Collectarium canonum, Decretum*. Dal suo nome si fa derivare il termine brocardo.

confine tra Francia e Germania. Alla metà dell'VIII secolo abbiamo il re Pipino, e suo figlio Carlo (Magno). Questi re si presentavano come persone sacre: venivano unti (unzione sacra, regale, così come narra l'Antico Testamento).

I Re della stirpe di Davide venivano unti, conferendo ad essi un carattere di tipo sacerdotale; i re franchi avevano riesumato questo istituto ebraico immergendolo in un contesto cristiano conferendosi un carattere parasacerdotale. Il Re aveva un suo ruolo nel governo della Chiesa, e Pipino e Carlo prendono molto sul serio questa situazione e da sinceri cristiani si prendono cura della vita della Chiesa. Viene restaurata la figura della Chiesa costantiniana (*Constantinus Episcopus Externus*). C'è un intreccio inestricabile tra sacro e profano in questo periodo, i re si concepiscono ministri della Chiesa, e di questa condizione se ne approfitta il papato. L'artefice di questa *renovatio imperii* è proprio il papato (Leone III). Questa *renovatio* nasce da un'alleanza stretta dal Papato in funzione difensiva.

Il Papato è in conflitto coi longobardi e coi bizantini: nell'VIII secolo c'è il fenomeno della crisi iconoclasta: in Oriente si era diffusa l'idea dell'iconoclastia (distruzione delle immagini sacre). Il culto delle immagini lo si considerò illecito in Oriente in quanto similidolatrico. Una serie di imperatori di

Bisanzio, abbracciando questa dottrina, chiesero la distruzione delle immagini sacre. In Occidente vi era tutta un'altra dottrina. Il Papato è in crisi, e verso la metà dell'VIII secolo l'Imperatore di Bisanzio sottrae questi territori dell'Italia meridionale all'obbedienza del Papa, e li sottopone alla giurisdizione del patriarca di Costantinopoli.

Questo problema dell'iconoclastia fu un problema serio: fu trattato nel Concilio di Nicea del 787 (settimo concilio ecumenico), e l'iconoclastia fu condannata, ma il partito iconoclastico continuò a creare problemi anche nei decenni successivi. Il Papato ha problemi con l'Oriente al di là della parziale risoluzione del 787). Nel 751 i Longobardi conquistano Ravenna (provincia dell'Impero Bizantino). Il Papato decide di stipulare un accordo, un legame con i re franchi, e Carlo Magno, scendendo in Italia, nel 774 opera la *debellatio regnum langobardorum* e si autonomina Re dei longobardi; va a fare pellegrinaggio a Roma, visita il Papa, e questi gli attribuisce il Ministero di restaurazione riorganizzazione delle Chiese nei suoi territori. Per dar perfetta autorità il Papa affida a Carlo Magno la Collezione Dionisiana nella versione Adriana.

Carlo Magno re dei Franchi e dei Longobardi 26 anni dopo, sotto Leone III, diviene Imperatore del Sacro Romano Impero. Questo Impero è sacro, e nasce sotto gli auspici e la volontà della Chiesa; romano perché si vuol considerare come un successore dell'Impero   Romano   d'Occidente. Contemporaneamente   a   Costantinopoli   c'era l'Imperatrice Irene dell'Impero Romano (d'Oriente), ma probabilmente il Papa non voleva creare una diarchia, ma creare un nuovo impero, legittimando solo l'Imperatore del Sacro Romano Impero, trasferendo l'impero e l'autorità. Quindi si dovrebbe parlare meglio di *traslatio imperii* e non *renovatio*. Carlo Magno aveva dimostrato fedeltà a Roma, e sotto l'egida del Papa si costruì un nuovo Impero. Da questa *renovatio imperii* nasceranno numerose conseguenze per la vita delle istituzioni politico-giurideche dell'Europa.

13. I *Capitularia* e le Chiese Private

L'impero dei franchi carolingi sta alla base della *renovatio imperii* nella commistione tra sacro e profano tra l'VIII e l'XI sec. Rinasce la concezione costantiniana del rapporto tra Stato e Chiesa in cui il Re si fa custode della religione e del culto del cattolicesimo. Questo impero nasce dalla volontà della Chiesa e viene incoronato imperatore colui il quale già era Re dei Franchi e Re dei Longobardi. Adesso la posizione istituzionale di Carlo Magno cambia in quanto diviene capo di una giurisdizione superiore: un sacro romano impero. Cosa voleva costituire il Papa? Una Diarchia o una Monarchia controllata? L'intenzione del Papa era quella di rinnovare (trasferire) l'impero consegnandolo ad una persona di sua fiducia. La *Renovatio* va compresa come *traslatio imperii*. L'VIII sec. Era stato un secolo di profonda crisi tra le Chiese Orientale e Occidentale su temi quali l'iconoclastia.

Anche dopo il II Concilio di Nicea (787) vi furono personaggi che continuarono a praticare l'iconoclastia; l'Imperatore bizantino aveva sottratto tutto il meridione d'Italia al Papa ed erano state affidate alla giurisdizione del Patriarca di Costantinopoli. Il Papa nominò quindi un Papa di sua fiducia al fine d'avere un sostegno secolare. La creazione di questo nuovo impero creò profonde discordanze: venivano ad esistenza due imperatori dei romani. Carlo era già persona nota al papato: nel 774 Carlo dopo aver conquistato il Regno dei Longobardi, andò dal Papa a ricevere la Collezione Dionisio-Adriana al fine di farne uso per la riforma della Chiesa nel Regno dei Franchi. Questa collezione conteneva in massima parte il patrimonio disciplinare della Chiesa antica e nella tradizione e traduzione di Dionigi l'esiguo, la disciplina più autentica della Chiesa.

Carlo fu quindi chiamato a riformare (e non rivoluzionare) la Chiesa riconsegnandola alla sua retta disciplina. Questi Re Franchi ci sono noti anche per la loro attività legislativa: le loro leggi prendono il nome di *Capitularia* (Capitolari), chiamati così in quanto leggi redatte in capitoli, secondo una terminologia coeva. Nella terminologia coeva i *Capitularia* sono divisi in *mundana* (attenendo alla disciplina secolare: diritto civile) ed *ecclesiastica* (attenendo più propriamente alla disciplina della Chiesa). Sono norme emanate da chi detiene il potere civile ma in materia ecclesiastica al fine di riproporre la disciplina canonica autentica così come era stata formulata nei canoni della Chiesa antica.

La cultura era conservata all'interno del ceto ecclesiastico, e nel clima di generale analfabetismo, era il clero a saper leggere e scrivere in quanto era impensabile governare la Chiesa senza saper conoscere, leggere le sacre scritture, e scrivere ed inviare lettere. Il collaboratore dell'attività di governo era sempre scelto nel ceto ecclesiastico in quando il clero era il solo detentore della cultura e della conoscenza. In quest'epoca venne costituita anche una nuova scrittura: la minuscola carolina, che venne fabbricata nelle officine ecclesiastiche. Un imperatore è stato investito tale da un Papa, l'impero nasce per volontà della Chiesa, il re riceve dallo stesso pontefice l'incarico d'essere collaboratore delle istituzioni ecclesiastiche per la gestione della vita della Chiesa. Questi capitolari nella loro denominazione presentano l'indicazione dell'imperatore come protettore della Chiesa, e questo elemento (della concezione costantiniana) è sempre presente in tutte queste leggi.

Vi è commistione tra la sfera secolare e quella ecclesiastica che è però a discapito della Chiesa: la disciplina ecclesiastica va perdendo il suo rapporto con la disciplina più autentica, e sostanzialmente poiché il re si attribuisce (gli viene attribuita) una sorta di ruolo di Ministro della Chiesa (vengono riesumate tantissime espressioni che venivano utilizzate per Costantino: *episcopus externus, episcopus episcoporum*, etc.). Un problema molto serio è stato quello del reclutamento del clero, e poiché il ministero della Chiesa è disimpegnato dai Sacri Ministri, l'interesse della Chiesa è stato sempre quello di andar a selezionare persone degne e persone colte. Poiché però le persone sono uomini, la scelta di queste persone patisce l'imperfezione dell'uomo: in questi secoli dell'Alto Medioevo si creano delle condizioni che creano il reclutamento del clero poco confacente alla scelta delle persone più idonee.

L'Europa Occidentale di allora era costituita da poche città e da una campagna dominante: la campagna domina la città. La vita si svolge in poche città ed in una vastissima campagna, dove la popolazione è maggiormente dispersa in un tempo in cui le comunicazioni erano scarsamente sviluppate, e dove il sistema economico era basato sulla produzione e consumazione di beni prodotti e consumati *in loco*. Nelle campagne si aggregano piccoli villaggetti chiamati *Curtes*, in cui i Signori avevano un loro seguito di aiutanti, operai, lavoratori, artigiani, agricoltori e servi. C'erano anche le città, ma queste erano lontane ed i collegamenti con le *Curtes* sono erano molto scarsi. I Vescovi stavano però nelle sole città, e presso la cattedrale c'era pure una scuola, all'interno della quale venivano impartite a coloro i quali erano candidati a svolgere le funzioni clericali le conoscenze per dire Messa: come sistema d'istruzione non c'era altro.

Ci sono dei ceti culturali, le scuole cattedrali, i monasteri dove i monaci amanuensi coltivavano l'arte della scrittura copiando i testi dei secoli precedenti (Scritturistici, letterari, storici, poetici, filosofici, geografici, etc). Nella campagna la vita era però disaggregata ed in questo contesto reclutare un clero che fosse capace di svolgere la funzione era molto difficile. Nelle campagne venivano reclutate persone per il clero poco preparate ed era alto il livello d'ignoranza e purtroppo anche d'immoralità. Come consentire alle persone abitanti nella campagna di partecipare alle celebrazioni religiose? Il *Dominus* faceva costruire una cappella considerandola cosa sua (Chiesa privata), ponendovi un cappellano che celebrasse Messa, che redimesse i peccati, che amministrasse la Comunione, i Sacramenti, etc.

Questi chierici si mettevano al servizio di Signori locali, chierici però di scarsa preparazione. Spesso i Signori facevano ordinare i propri servi che una volta divenuti presbiteri celebravano Messa la Domenica, e andavano a lavorare i campi durante la settimana. Questi chierici avevano una vita morale poco retta: tenevano delle donne in concubinato, *more uxorio*, o anche come vere e proprie mogli. La norma del celibato ecclesiastico era ampiamente disattesa, e poiché mancava una norma *ad substantiam* del matrimonio, con lo scambio del consenso si aveva matrimonio (non necessariamente di fronte ad un Sacerdote). C'era un ampio disordine di questo clero contestualmente ad un ambiente fiorente di Chiese private. La Chiesa, costruita sul terreno provato, era oggetto di proprietà, era privata, entrava in successione, era alienabile, il che comportava anche la cura con lo stipendio destinato al chierico.

Intorno al XII secolo la Chiesa Privata entra nel regime della disciplina del Diritto di Patronato, e questo diritto (frutto della scienza giuridica del XII sec.) prevedeva diritti e doveri in capo al *Patronus*, il quale poteva scegliere la persona che avesse svolto funzioni ecclesiastiche in quella determinata chiesa: il Diritto di Patronato è stato tolto solo con il Codice di Diritto Canonico del 1983.

I Re Franchi tutori e protettori della Chiesa sono anche artefici della perdita della libertà della Chiesa stessa: dispongono dei beni propri della Chiesa, del patrimonio ecclesiastico. I beni della Chiesa avrebbero dovuto essere nella disponibilità del Vescovo il quale ne sarebbe stato amministratore: secondo la tradizione della Chiesa destinati al sussidio agli orfani ed alle vedove, alla cura dei beni, etc. Questo patrimonio ecclesiastico nel corso dei secoli si era immensamente accresciuto mediante donazioni ed offerte dei fedeli piccole e grandi (fondi, edifici, terreni), chiamate lasciti pii o *donationes pro anima*. La Chiesa (singole diocesi) aveva ottenuto grandi patrimoni, ma nell'età carolingia i Re disponevano di questi beni remunerando - p.es.: - i propri soldati.

Il re concede questi beni, ma i concessionari trasformano la concessione in proprietà. Il Vescovo si trova in un contesto dove però comincia ad disimpegnare anche talvolta funzioni politiche: partecipa a riunioni che stanno in mezzo tra i concili ed i parlamenti. La funzione episcopale è molto prestigiosa, ambita, e spesso è chiamata ad essere ausiliare del consiglio del Re. I Re non potevano

permettere che i Vescovi venissero scelti a caso: i
Vescovi venivano scelti dai Re, ed il Re si appropria
del potere di nomina dei Vescovi. Il popolo si riassume
nel Re, ed è proprio il Re a scegliere il Vescovo, la
volontà del Re predomina su tutte le altre, e non si può
nominare un Vescovo che non goda della fiducia e
dell'approvazione del Re.

Il risultato ultimo di questa commistione è la
perdita della libertà della Chiesa: il sostegno politico si
è sempre tramutato in soggezione amministrativa. Il
disordine clericale, il disordine amministrativo,
l'inosservanza delle norme, la sempre maggiore
ingerenza degli imperatori comporta un perdita della
libertà della Chiesa. Nella seconda metà dell'XI sec. Si
avvia un processo di riforma della Chiesa tendente alla
riacquisizione della perduta *libertas ecclesiae*, e questo
processo di riforma di queste deviazioni si avvia ad una
riforma della disciplina ecclesiastica ed ad una
riacquisizione della libertà. Il motore nasce dal papato,
dai papi di Roma: questi danno impulso in tutta la
Chiesa europea alla restaurazione dell'antica disciplina
ed alla riacquisizione della libertà perduta. Queste fonti
dell'XI che propugnano questa idea di riforma si
concentrano su alcuni punti della disciplina
ecclesiastica che appaiano particolarmente degni di
essere corretti.

Una delle conseguenze di questa commissione è pure però la simonia: la simonia è un crimine ecclesiastico che consiste nell'acquisto per denaro od utilità affini di cariche ecclesiastiche. Questa pratica deriva dal nome di Simon Mago: questi era un Mago che non riusciva a compiere i prodigi degli Apostoli e chiese a questi altri di voler acquistare questo potere: i doni dello Spirito. La simonia verteva maggiormente sull'ufficio episcopale e questa pratica divenne così ordinaria che divenne normale acquisire cariche ecclesiastiche: nacque la venialità dell'episcopato, era usuale comprare dall'imperatore la carica episcopale.

Il Re conferiva l'episcopato a coloro i quali conferivano del denaro. Le fonti dell'XI sec. mostrano che questa pratica era talmente usuale che non se ne avvertiva la peccaminosità. Attraverso la simonia acquistarono l'episcopato persone ricche ed inidonee. Questa lotta contro la simonia divenne un carattere essenziale della riforma. Esistevano delle norme della Chiesa latina che a partire dal IV sec. avevano confermato il principio che dal Diaconato in su non potevasi contrarre matrimonio. In questo clima disordinato i chierici tenevano donne in forme di concubinato e/o matrimonio.

La simonia era l'effetto di un sistema in cui la carica episcopale era entrata nelle mani del Re: prassi che aveva ormai affidato alla sfera secolare l'investitura clericale. In questo contesto l'investitura prende il nome di "laica delle cariche ecclesiastiche": un laico investe un ecclesiastico, quindi il Re o l'Imperatore conferiscono l'episcopato. Un altro tratto caratteristico della riforma è la lotta contro le investiture, mentre l'imperatore lotta a favore delle investiture. I Re ritengono che questo sia un diritto regale, legato cioè alle regalie. In questa commistione tra sacro e profano la stessa amministrazione dell'Impero era affidata ai Vescovi, i quali avevano pure poteri civili, delegati dell'Imperatore nell'amministrazione del Governo di quella determinata città: i Vescovi erano capi della circoscrizione ecclesiastica, ma anche civile per conto del Re.

Si perde ogni confine tra sfera sacra e sfera profana e ci si trovò in una fase di disordine allo stato puro, ed a questo disordine bisognava reagire: la Chiesa, mediante il papato, reagì a questo disordine.

14. La riforma gregoriana

Questa riforma del secolo XI cercava di restaurare la libertà della Chiesa colpendo le discrepanze dell'ordine e della moralità: questa prese il nome di riforma gregoriana (facendo particolarmente riferimento ad uno di questi papi riformatori: Gregorio VII) sebbene sia iniziata qualche anno prima dell'ascensione alla cattedra petrina del pontefice che ne diede il nome. I Vescovi avevano giurisdizione anche propriamente civile, e contestualmente alla investitura laica delle cariche ecclesiastiche vi era il fenomeno della simonia, ed il problema del clero uxorato o concubinario, contrario alla disciplina della Chiesa latina a partire del quarto secolo, imponente il celibato ecclesiastico.

Per comprendere il senso di questi conflitti tra gli imperatori ed i papi bisogna tenere a mente che per una tradizione che risale a secoli molto risalenti gli imperatori consideravano se stessi come delle figure sacre: i re ricevevano una unzione sacra da parte di Vescovo facendogli acquisire un carattere quasi sacerdotale divenendo Ministri della Chiesa: queste immagini letterarie sono assolutamente eloquenti di come veniva rappresentata la figura di Re. Il re collaborava strettamente col potere ecclesiastico, e il diritto ad essere Re lo si considerava Diritto Divino: per volontà di Dio.

Nelle rappresentazioni iconografiche gli imperatori sono rappresentati con la corona posta da una mano celeste (proveniente dall'alto), attorniato da sacerdoti e cavalieri, reggendo in mano il *globus cruciger*[16]. In Francia si era costituito un Regno che si volle dichiarare esente dalla giurisdizione dell'Impero, ma l'Italia settentrionale (ex *Regnum Langobardorum*) rientrò nella giurisdizione del Sacro Romano Impero; il meridione d'Italia rimase autonomo sotto giurisdizioni orientali bizantine, arabe, fino all'avvento dei Re normanni che istaurarono il Regno di Sicilia.

La presenza delle due figure, quella imperiale e quella papale, non faceva altro che far emergere in alternanza più una anziché l'altro. Enrico III era un imperatore molto volenteroso e sinceramente religioso che si prese la responsabilità ed assunse l'impegno di rinnovare la Chiesa, ma essendo Imperatore non poteva rinunciare a talune caratteristiche e prerogative proprie imperiali quali la nomina dei Vescovi. Enrico III riuscì a nominare non solo Vescovi, ma anche quattro Papi. Poiché c'era il problema dell'elezione del Papa a Roma, il ruolo di questi era disputato tra le più importanti famiglie nobiliari romane. Attraverso un gioco di accordi e conflitti il pontificato era attribuito ad una famiglia patrizia od ad un'altra: ma si trattava del capo della Chiesa universale, pertanto non potevasi restare inermi di fronte a questi avvenimenti.

---

[16] Il globo crucigero (*globus cruciger* in latino) è una sfera con in cima apposta una croce. È un simbolo cristiano usato nel corso del Medioevo sulle monete, nell'iconografia e nelle insegne regali. Esso rappresenta il dominio di Cristo (la croce) sul mondo (la sfera).

Tra il X e l'XI sec. Il Papato non ha brillato particolarmente, e una volta che l'Imperatore si rese conto dell'inidoneità di questo meccanismo, prese la decisione di voler nominare egli stesso il Vescovo di Roma. Enrico III impone quattro Papi uno dopo l'altro: Clemente II nel 1046 (il quale era Vescovo di una città tedesca, così come gli altri), Damaso II, Leone IX, Vittore II nel 1057. Leone IX (1049 – 1054) era un Papa di altissimo valore, il quale promosse fortemente la riforma. Con Enrico IV i conflitti si acuirono in quanto ci si rese conto dell'ingerenza smodata del potere politico sulla Chiesa.

Uno dei primi attimi di questo processo di riforma riguardò proprio l'elezione del Papa: si acquisì la consapevolezza che il Papa doveva essere eletto nell'esercizio della libertà della Chiesa escludendo qualsiasi ingerenza del potere laico politico o (soprattutto) patrizio. Questo importantissimo atto di riforma della Chiesa fu compiuto nel 1059. Nicolò II fu Papa dal 1058 al 1061, e fra l'altro combatté la simonia riunendo dei sinodi, dei concili nei quali la simonia veniva condannata ed i simoniaci venivano condannati alla deposizione. Acquisendo la carica episcopale tramite somma di denaro, si veniva deposti, la deposizione divenne una pena ecclesiastica.

Il Sinodo Lateranenze del 1059 previde il regolamento dell'elezione del Papa, oltre alla criminalizzazione della simonia. La Tradizione Sacra prevedeva che il Vescovo fosse eletto dal popolo laico ed dal popolo chierico. Venne stabilita una regolamentazione d'elezione che è l'antecedente di quella attuale. La regolamentazione venne promulgata per Decreto, e secondo questo il Papa deve essere eletto dai Cardinali, scelto dai Cardinali Vescovi (i Cardinali possono essere Diaconi, Presbiteri o Vescovi); i Cardinali Vescovi erano sette soltanto. Dopo la scelta dei sette Cardinali si sarebbe aggiunta la conferma del resto del clero e del popolo.

Ma ad una scelta fatta mediante trattazione, il resto del clero e del popolo non avrebbe fatto altro che aggiungere nient'altro che semplice consenso, fatta salva però la *reverentia* all'Imperatore. Il Decreto, pur attribuendo la scelta all'interno della Chiesa, non nega il favore dell'Imperatore: il rispetto è un modo di riconoscere che il Papa è una persona sulla quale comunque si regge il mondo. I cardinali di cui si parla in questo decreto sono divisi in tre ordini, sono una parte ristretta e selezionata del clero romano. La figura dei cardinali a partire dal VII e dall'VIII secolo s'identifica a quel clero romano addetto alle funzioni liturgiche delle grandi basiliche romane: Laterano, San Pietro fuori le Mura, San Lorenzo, etc.

Queste sono delle Basiliche che sono state solitamente mete di pellegrinaggio dove le celebrazioni liturgiche sono frequentissime. Questi cardinali erano addetti al servizio liturgico di grandi basiliche. I Cardinali Vescovi sono sette (e non di più) sono anche i titolari di sette sedi episcopali di quartieri o sedi episcopali circostanti Roma: Vescovi di sette Diocesi suburbicarie: Ostia, Velletri, Porto, Santa Sabina, etc. Nel corso dell'XI sec. I sette Cardinali Vescovi muteranno il proprio ruolo, che dà grandi funzionari divennero grandi elettori, e poi sempre più collaboratori del Papa nel Governo della Chiesa Universale.

Il Papa sceglie i propri Cardinali al fine di gestire la burocrazia della Chiesa, nella Curia Romana: quindi bisogna distinguere tra i Cardinali di Curia (a Roma) ed i Cardinali titolari di sedi episcopali. Il ruolo attuale dei Cardinali è quello di gestione dicasteriale: Benedetto XVI prima d'essere Pontefice era Cardinale come prefetto del Dicastero della Congregazione della Dottrina della Fede[17], e prima ancora Arcivescovo di Monaco di Baviera. Il ruolo dei Cardinali è quello di

---

[17] La Congregazione per la Dottrina della Fede fu istituita nell'anno 1542 da papa Paolo III Farnese (Costituzione *Licet ab inizio* del 21 luglio) con il nome di "Sacra Congregazione della Romana e Universale Inquisizione" e con lo scopo di vigilare sulle questioni della fede e di difendere la Chiesa dalle eresie. È quindi la più antica delle Congregazioni della Curia Romana, precedente la riforma della medesima e l'istituzione delle altre 14 Congregazioni, fatta da papa Sisto V (Costituzione *Inmensa Aeterni Dei* del 22 gennaio 1588).

eleggere i Papi ex Costituzione del 1996 di Giovanni Paolo II che attribuisce l'elettorato attivo ai Cardinali che non abbiano compiuto ottanta anni d'età; l'elettorato passivo è teoricamente attribuito chiunque. I Cardinali ad oggi non possono che essere più di centoventi.

Il sistema attuale è figlio del Decreto del 1059, sebbene nel corso dei secoli volendo evitare l'ingerenza esterna si istituì il conclave. Questo Decreto è molto significativo, volendo restaurare la *libertas ecclesiae* e potendo nominare Vescovi e Pontefici in libertà ed autonomia. La Chiesa è libera se libero è il suo Papa, e man mano che la Chiesa va cercando di recuperare la libertà perduta si approfondisce la ferita che colpisce il corpo della Chiesa poiché si acuisce il conflitto tra la Chiesa e l'Impero che raggiunge l'apice sotto il pontificato di Gregorio VII il quale era già Cardinale, collaboratore di altri Papi, persona che aveva acquisito prestigio notevolissimo prima ancora del pontificato. Fu eletto Papa dal 1073 al 1083 con modalità d'elezione un po' strane: col nome di Battesimo Ildebrando di Soana, alla morte di Alessandro II viene eletto non secondo questo Decreto del 1059, ma viene eletto a furor di popolo.

Imperatore era Enrico IV, figlio di Enrico III. Ildebrando era già convinto di non voler scendere a compromessi, e subito dopo la sua elezione cominciò convocare concistori, sinodi, al fine di condannare tutte le discrepanze di tutti i generi promulgando decreti condannanti tutte le immoralità e soprattutto l'investitura laica. Veniva così tolto un diritto al Re, il quale considerava illegittimo ogni suo atto, a partire dalla sua stessa elezione, avvenuta con modalità difformi da quanto la legge (Decreto del 1059) prescriveva.

L'Imperatore che si vede toccato in questi diritti tradizionalmente esercitati comincia a preparate ed organizzare la resistenza dalla quale si comprende oggi la mole della riforma gregoriana. Nel 1076, tre anni dopo l'elezione di Gregorio VII, Enrico IV convoca un Concilio episcopale a Worms nel quale induce di dichiarare la elezione di Gregorio VII illegittima per deporlo. Il Papa dichiara il Concilio di Worms illegittimo in quanto non convocato dal Papa, ma in favore a dal favore dell'Imperatore, ed egli stesso depone l'Imperatore. Enrico IV si accorge di non avere il favore della Chiesa universale, della Chiesa tedesca, e della politica tedesca, e chiede il perdono al Papa con la mediazione di una potente feudataria del settentrione d'Italia: Matilde di Canossa.

L'imperatore va a Canossa per intercessione di Matilde per chiedere il perdono. Il Papa fa aspettare fuori al freddo, sotto la neve l'Imperatore prima di perdonarlo: l'imperatore scomunicato e deposto chiede il perdono. Questa lotta per le investiture continua però nel 1080: il Papa scomunicò e depose nuovamente l'Imperatore, quest'ultimo riunì a Bressanone nel Sud Tirolo (Bolzano) un Concilio per deporre il Papa. Questi Vescovi riuniti a Bressanone furono chiamati a nominare un nuovo Papa con un procedimento straordinario. Il Concilio di Bressanone del 1080 elesse un Papa chiamato Ghiberto, Arcivescovo di Ravenna prese il nome di Clemente III e fu riconosciuto da una parte della Chiesa, quella a favore dell'Imperatore.

Per un certo numero di anni ci furono questi due Papi, e non fu l'unico caso nella Storia. Il Papa cercò sostegno politico, e si rivolse a quei normanni che da qualche decennio erano scesi nel meridione d'Italia, ed avevano aiutato il Papa a restaurare la Chiesa latina nel Meridione. Gregorio VII fuggì da Roma, assieme ai Normanni, e passò gli ultimi anni a Salerno. Se apparentemente parve una sconfitta, i successori di Gregorio VII continuarono sulle sue orme: alla fine nel 1122 con il Concordato di Worms si raggiunse un compromesso tra Enrico V e Callisto II, nel quale sostanzialmente vince la Chiesa.

Venne restaurato il principio della libertà delle cariche ecclesiastiche e questo Concordato riconobbe all'Imperatore il diritto regale su quei Vescovi canonicamente eletti: sulla base di questo sistema i Vescovi vengono eletti canonicamente, ma possono ricevere uffici civili dall'Imperatore. Nacquero dei territori, chiamati "spirituali", nel Sacro Romano Impero dove il titolare della potestà giurisdizionale politica era un Vescovo (titolare della potestà ecclesiastica): nacque la figura del Principe Vescovo, del Principato Vescovile. Vi è una commistione di piani spirituale, politico, temporale, secolare, ecclesiastico, clericale, etc. tale che Imperatore e Papa si deponevano e illegittimavano l'un l'altro.

I *Dictatus Papae* sono ventisette affermazioni che si riconducono a Gregorio VII perché stanno nel registro della sua corrispondenza (Marzo del 1075): non sono leggi, non sono lettere, ma stanno nel registro di Gregorio VII quindi sono attribuibili a lui. Si ritiene che si tratti di una sorta di *capitulatio*, un indice di una collezione canonica mai redatta, promemoria che indicherebbe i temi che sarebbero stati trattati in questa eventuale e supposta collezione.

15. *Dictatus Papae*

Queste ventisette proposizione rappresentano il succo della concezione di Gregorio VII e compaiono nel registro delle sue lettere nel Marzo del 1075: non sono norme, sono delle frasi. La storiografia si è domandata sul senso e sulla natura di queste frasi: si è pensato ad un indice di una collezione canonica che dovevasi comporre, e sotto queste ventisette rubriche il compilatore avrebbe dovuto raccogliere i canoni relativi a queste proposizioni. Queste proposizioni si dividono in due gruppi: figura del Papa, e rapporto tra questi e l'Imperatore (Rapporto Chiesa-Stato).

Tutte le proposizioni iniziano con *quod*, e si ritiene essere scritte in prima persona. La proposizione **1** dice che la Chiesa Romana è stata fondata dal Solo Dio; la proposizione **2** invece dice che solo il pontefice romano possa essere detto universale per buon diritto. Queste due prime proposizioni affermano l'esclusività e la santità della Chiesa. Roma ed il suo Vescovo hanno questa peculiare posizione perché Dio l'ha voluta, è frutto della volontà fondazionale di Cristo, dettata nel Vangelo di Matteo, e nel Vangelo di Giovanni.

La potestà del Romano Pontefice è universale e si estende su tutta la Chiesa, e qualsiasi altra istanza episcopale è solo limitata (alla propria Chiesa particolare, alla propria Diocesi, al proprio Patriarcato). La limitazione non solo è territoriale, ma anche da un potere superiore: il Papa. Emerge una posizione chiara e netta di questo primato romano e gli interpreti vanno ad interpretare a tentoni ciò che Gregorio VII volesse dire con queste sue proposizioni.

Si pensa che queste due prime proposizioni avessero come obiettivo i rapporti tra la Chiesa di Roma e la Chiesa d'Oriente: nel 1054 si crea e si approfondisce una cesura tra la Chiesa latina e quella bizantina che configurò lo scisma che esiste tutt'ora. A Costantinopoli Michele Cerulario Vescovo venne scomunicato da un legato papale, di nome Umberto (come se fosse il Papa), ed il Patriarca di Costantinopoli fece altrettanto. Il Patriarca di Costantinopoli aveva la consuetudini di chiamarsi Patriarca Universale e secondo la terminologia bizantina "Patriarca Ecumenico".

Le altre proposizioni danno l'idea del primato di giurisdizione del Papa, ma non hanno un ordine logico consequenziale, poiché sono distribuite in ordine sparso. La proposizione 16 dice che nessun Concilio deve essere chiamato generale senza l'ordine del Papa: c'è una concezione dei concili come di quelli che possono parlare a nome della Chiesa universale solo in quanto sono stati stabiliti dal Papa. Da Gregorio VII in poi i concili ecumenici sono stati voluti dal Papa. Non è una innovazione: già da prima era così, ma è stato scritto lì per raccogliere tutti i principi cardine. La proposizione **19** dice che il Papa non deve essere giudicato da nessuno in quanto non può essere giudicato da nessuno (*superior non recognoscens* poiché giudice supremo); il che comporta che il Papa può essere giudice di tutti. La proposizione **18** dice la sua sentenza non può essere ritrattata da nessuno, poiché non può essere ritrattata da nessuno, ed il Papa da solo può ritrattare e modificare sentenze e decisioni di qualsiasi altra istanza giurisdizionale all'interno della Chiesa.

La proposizione **21** dice che le cause maggiori di qualsiasi Chiesa (locale, particolare) devono essere portate alla sua cognizione: questa è una proposizione che promuove un processo di accentramento giurisdizionale della sede Romana. Le cause maggiori, più importanti e rilevanti devono essere portate alla conoscenza del Papa. Poteri che prima erano stati esercitati a livello periferico, con la tendenza di Gregorio VII sono stati esercitati a livello centrale. Il Papa comincia a nominare e trasferire Vescovi, e questa pratica diviene consuetudine. Alcune cause importanti (p.es.: deposizioni episcopali) dovevano essere necessariamente portate alla cognizione del Papa.

La proposizione **25** dice che senza la riunione di qualche sinodo non possono essere nominati o deposti Vescovi: fermo restando che il sinodo può fare di queste azioni, il Papa può fare da solo. La proposizione **13** dice che al Papa è lecito trasferire Vescovi da una sede all'altra se la necessità vuole questo (*necessitate cogente*). La proposizione **4** dice che il legato del Papa in un concilio presieda a tutti i Vescovi anche se sia di grado inferiore (nella gerarchia di ordine) e può dare una sentenza di deposizione contro tutti od uno soltanto dei Vescovi riuniti in concilio.

Il *legatus* agisce con una potestà di giurisdizione delegata: un diacono molto spesso era nominato dal Papa come suo delegato. Gregorio VII ed i suoi successori si ispirarono a questo principio Nella potestà di ordine dal diaconato in giù non si può neanche dire Messa, ma in quanto legazione pontificia, il potere giurisdizionale è supremo.

La proposizione **20** dice che nessuno può condannare colui che si appella alla Sede Apostolica. La proposizione **8** e la **9** dicono che solo il Papa può usare le insegne imperiali e tutti i prìncipi bàcino i piedi del solo Papa. Il Papa utilizzò un testo risalente all'età carolingia chiamato "Donazione di Costantino[18]" per affermare che Costantino, nello spostarsi da Roma a Costantinopoli, avesse donato la giurisdizione imperiale, con tutte le province e le insigne al Pontefice

---

[18] La Donazione di Costantino (nota in latino come "*Constitutum Constantini*", ossia "decisione", "delibera", "editto") è un documento apocrifo conservato   in   copia nelle *Decretali* dello Pseudo-Isidoro (IX   secolo)   e, come interpolazione, in   alcuni manoscritti del *Decretum* di Graziano (XII   secolo). Il filologo italiano Lorenzo Valla dimostrò in modo inequivocabile come il documento fosse un falso.

(allora Silvestro I). Lorenzo Valla nell'età umanista dimostrò la falsità del testo mediante la tecnica della filologia. La proposizione **12** dice che al Papa è lecito deporre gli imperatori, perché la sua giurisdizione sovrasta qualsiasi altra giurisdizione. Può assolvere i soggetti (i sudditi, *subiecti*) dall'obbligo di fedeltà ai governanti iniqui. La proposizione **6** dice che con coloro che sono stati scomunicati dal Papa non si può rimanere in casa, fra le altre cose. Quindi il Papa può deporre l'imperatore e sciogliere i sudditi dal vincolo d'obbedienza, di sudditanza.

Gregorio VII effettivamente si servì di questa proposizione **6**: scomunicò Enrico IV Imperatore e sciolse i sudditi dal vincolo di obbedienza. Gregorio VII detenne una concezione ierocratica del pontefice: il potere papale sarebbe stato superiore al potere civile, tutto il potere deriva da Dio (Nessun potere non deriva da Dio – San Paolo nella lettera ai Romani), ed il Pontefice Supremo, *Vicarius Christi*, può delegare e giudicare la potestà civile. Se è vero che la Chiesa ha mantenuto vivo questo principio di distinzione (Date a Cesare ..., Date a Dio ...), non è venuta mai meno il principio che l'azione del governante civile non solo è di applicare la legge civile, ma lo deve fare sotto il filtro della legge di Dio: non ci può essere legge civile che sia contraria alla legge di Dio (Divorzio, Aborto, Usura, Concubinato, etc).

Accanto a questa concezione ierocratica, c'è pure
una concezione diversa di un contesto di conflitto:
l'imperatore si ingerisce nella Chiesa convocando
concili, deponendo e eleggendo Papi, nominando i
Vescovi. La concezione ierocratica è una risposta alla
ingerenza secolare nella Chiesa. Questa svolta avviene
all'interno della vita della Chiesa, ma il
coinvolgimento si estese ad altri ambiti ed altri
ambienti: altri Papi cercarono di estendere questi
principi in tutta la Chiesa applicando un sistema di
controllo capillare delle vicende delle Chiese locali: il
Papa si rende conto di dover controllare anche le
"periferie della Chiesa", allora convoca concili nelle
varie nazioni al fine di promuovere i principi della
riforma inviando i propri legati con le istruzioni che
provengo da Roma; questi principi contrastano però
con la vita reale della Chiesa: concubinato
ecclesiastico, simonia, etc.

La Chiesa comprese che questa era la strada da
percorrere, e quindi si dovette trovare un modo per
diffondere velocemente l'ingenza delle nuove norme
riformate: si compilarono miriadi di collezioni
canoniche a partire da Gregorio VII, che presero il
nome di Collezioni della riforma: quella di Anselmo
Vescovo di Lucca (intorno all'anno 1080), quella del
Cardinale Deusdedit (1086), e la "Policarpo" di
Cardinal Gregorio di San Crisogono (Policarpo: che dà

molto frutto). Un compilatore di una collezione sceglie testi normativi che appartengono alla Chiesa: dottrina apostolica, decretali, canoni conciliari e sinodali, scegliendo tutti quei brani che più chiaramente rispecchiano i principi della riforma. Ispirarsi alla riforma gregoriana significa anche immaginare una Chiesa governata dal Papa al suo apice.

Non essendoci codici legislativi ufficiali, bisognava ricorrere alle collezioni canoniche: la Chiesa fu governata per secoli mediante le collezioni canoniche, raccolte selezionate, analizzate e ragionate di norme della Chiesa. Il papato non ha preso una iniziativa legislativa di carattere universale: le raccolte sono private (sebbene fortemente legati al pontefice) che hanno applicazione nelle diverse regioni della Chiesa Cattolica.

Nel 1098 Papa Urbano II conferì il titolo di legato al Conte Ruggero di Sicilia, che era un normanno che stava ultimando la conquista del Meridione d'Italia in alleanza con il Papa. Ruggero aveva trovato in Sicilia gli Arabi, e nessuna Chiesa: i siciliani erano musulmani e l'unico cristiano era il Vescovo di Palermo che era di rito greco. Ruggero II, Re di Sicilia, figlio del Conte Ruggero, fondò la legazia pontificia di Sicilia, esercitando questo potere pontificio in Sicilia con controversie durate fino all'Unità d'Itala. Vittorio

Emanuele II (che ereditò la legazia, rinunciò ad essa e promulgò la legge delle guarantige).

16. Arti liberali e nascita delle Scienze

L'XI secolo fa da cerniera delle tue parti del Medioevo, l'alto ed il basso: avvenne una svolta che è la più importante della vita sociale della Chiesa: si inaugurò un periodo di riforma che rappresentò il tentativo di restaurazione di una disciplina autentica della Chiesa antica rispetto a tante deviazioni delle epoche precedenti, e riformò l'assetto della Chiesa rafforzandola e centralizzandola: venne fuori la Chiesa nella sua struttura gerarchica così come è stata in tutto il secondo millennio. Si perse l'autonomia delle varie parti delle Chiese e si guadagnò centralizzazione con tutti i benefici ed i problemi di quest'opera.

Attraverso un pontificato consapevole della Chiesa è stato possibile dare alla Chiesa un'impronta particolare. L'Alto Medioevo fu un'epoca di frammentazione disciplinare che ha portato a correzioni a partire dal secolo successivo con novità che portarono frutto. Fu un epoca di grandi cambiamenti: fu la città a prendere il sopravvento trovando una nuova fase di urbanizzazione, le persone si spostarono nelle città in cui nacque una vita sociale, nacquero i comuni (almeno nell'Italia centro-settentrionale), rinacquero i commerci, le arti, le letterature nazionali, le lingue. Si è potuto parlare di "Rinascimento medievale", nacque la scienza autonoma di molte discipline (sebbene non si potesse ancora parlare di scienza vera e propria nella nozione odierna, scienza pura, generale ed astratta).

Ancora non c'erano giuristi intellettuali autonomi, e tale figura cominciò ad emergere nel XII secolo, in un epoca in cui il diritto si distinse come scienza autonoma specificandosi dal complesso delle altre conoscenze, complesso di cognizioni che dall'Alto Medioevo inquadrato in un sistema già dall'uomo di allora: sistema delle arti liberali (*artes liberales*), arti del libro, arti praticati dagli uomini liberi. Fino all'XI secolo il diritto era configurato all'interno di questo complesso di arti liberali divise in *trivium* e *quadrivium*: le arti del trivio sono quelle sermocinali, attinenti al sermo, al discorso; quelle del quadrivio attengono alle cose, e per questo dette reali.

Ogni conoscenza dell'uomo può essere incasellata in un di queste sette discipline conosciute: le arti del trivio sono grammatica, dialettica e retorica; le arti del quadrivio sono aritmetica, geometria, musica ed astronomia. Ogni cognizione dell'uomo viene fatta rientrare in una di queste sette categorie. Il Diritto non può che stare all'interno delle arti del trivio. La grammatica è la disciplina che serve a costruire una proposizione; la dialettica insegna gli strumenti per ragionare; la retorica è l'arte della persuasione. Le cognizioni giuridiche ricadono all'interno di queste discipline del trivio. Sant'Isidoro di Siviglia morto nel 636 fu iniziatore della *Colletio Hispana* e fu un coltivatore delle arti liberali: scrisse un opera che fu *best seller* della storia della letteratura dell'umanità, scrisse un libretto di nome "Etimologie" (*Origines*).

Le Etimologie di Isidoro di Siviglia ebbero una fortuna impressionante, e consistevano in una trattazione di arti liberali in cui parlò anche di Diritto. La fase di passaggio dal XI al XII secolo è di trasformazione delle arti liberali, nelle scienze: qui nascono le scienze giuridiche (cosa sia il Diritto, perché il Diritto) e teologiche (cosa sia Dio, perché dio). Il Diritto nasce nel seno delle arti liberali, e poiché vi sono studiosi che dedicano la loro vita alla ricerca, allo studio ed all'insegnamento: nasce la figura dell'intellettuale, del giurista, del professionista, del professore. I fondatori del Diritto Civile e del Diritto Canonico sono entrambi dello stesso periodo, ed entrambi concittadini di Bologna: Irnerio è il fondatore del Diritto Civile, e Graziano è il fondatore del Diritto Canonico.

Irnerio e Graziano aprono delle scuole, ricevono degli studenti, secondo un processo che fu esponenziale sino ad oggi, sino alle Università odierne. Graziano compila il *Decretum* intorno al 1140, ed è un punto di definizione della scienza propria giuridica. Nel 1120 Irnerio faceva un'operazione analoga per il Diritto Civile, ma con una differenza. La Scienza del Diritto Civile diventa una Scienza di un Diritto ereditato dal passato, su un testo redatto sei secoli prima, scomparso, e riapparso proprio nel XII secolo (i *libri legales*), il testo conosciuto come *Corpus Iuris Civilis* dell'Imperatore Giustiniano (565 ca.). Papa Gregorio I Magno, morto nel 604, ne aveva citato un frammento. Il testo riemerge nell'XII secolo in modo non chiaro, derivante dal passato ([...] Portarono i *libri legales* ... [...]).

Il primo testo su cui si studia il Diritto Canonico è scritto *ex novo* da Graziano: con lui la scienza del Diritto diviene una Scienza del Libro (Scienza del *Corpus Iuris Canonici*). Gli studiosi di questa scienza ragionavano sul testo, senza astrazioni. *Auctoritas* e *ratio* sono le chiavi per comprendere la nascita della Scienza del Libro. *Auctoritas* significa letteralmente fonte di legittimità di qualche cosa, e in senso derivato è il Testo autorevole perché prodotto da soggetti, istituzioni, dotati di autorità. Le autorità possono essere concili, pontefici, imperatori postclassici, decretali, canoni dei concili. La *Ratio* è la ragione dell'uomo che riflette sul Testo di autorità.

Se per un teologo la *auctoritas* è la Sacra Scrittura e la scrittura della Patristica, la *Ratio* è un dono divino in un mondo che non può essere teocentrico: non esiste né l'ateismo, né l'indefferentismo. La *Ratio* è ciò che fa l'uomo simile a Dio: Dio creò l'uomo a Sua immagine e somiglianza, Dio ha impresso la sua ragione nell'uomo. Questa Scienza si muove su questi due aspetti: *autoritas et ratio*. Questa scienza sviluppa ragionamenti e tecniche al fine di trovare soluzioni alle contraddizioni, alle differenze, alle divergenze, alle discordanze.

Nella Teologia è importantissima l'opera di Abelardo, che fu un maestro nella Scienza, nella critica delle fonti. Abelardo scrisse un opera dal nome *Sic et Non* (Così e non così): si era accorto che la lettura delle Scritture Sacre e della Patristica potevano sembrare contraddittori. Il ruolo dell'intellettuale è quello di trovare soluzioni a queste antinomie. Ci sono però almeno tre precursori di Graziano e del metodo Grazianeo. Quando Graziano ed i suoi allievi riuscirono ad utilizzare i metodi ci si rese conto che questi metodi erano stati creati precedentemente: Bernoldo di Costanza, Ivo di Chartres ed Algiero di Liegi.

Bernoldo di Costanza scrisse un trattatello sugli scomunicati da evitare con regole attinenti all'interpretazione. La grande quantità accumulato

nella vita giuridica della Chiesa cagionava problemi
d'interpretazione: era Stato detto tutto ed il contrario di
tutto, autorità normative diverse sparse nel corso dei
secoli avevano regolamentato nel modo più vario e le
occasioni erano sempre diverse, con cause diverse,
contesti diversi: nelle norme della Chiesa si trovano
differenze, contrarietà e contraddizioni. Come è
possibile? E' il frutto di un arbitrio o di un abuso?

Si parte dalla fiducia che queste antinomie sono
conciliabili, ma capire la presenza di antinomia
significa la presenza di studiosi che conosco tutto il
mare magnum del diritto della Chiesa. E' necessario
quindi un confronto ed una interpretazione, tenendo
conto delle circostanze di generalità, eccezione,
necessità, urgenze, tempo, luogo e soggetti che hanno
dato luogo ad una determinata norma.

Bisogna ragionare anche sul testo nella sua
formulazione: i testi della Chiesa antica sono pervenuti
per frammenti, pezzetti, parti staccate l'una dall'altra,
mischiate, mescolate, confuse, magari con tentativi
sommari di ricostruzione confusa. E' necessario
studiare i testi nella loro dimensione più autentica,
contesto storico e letterario, circostanze. Bernoldo si
rende conto di aver scoperto metodi di concordanza,
ma un personaggio centrale nella comprensione di
questo mezzi è Ivo Vescovo di Chartres (1091 – 1118).
Ivo fu un personaggio di gradissimo rilievo nella

Francia del suo tempo: veniva sempre consultato da tantissimi altri Vescovi e Re, egli scriveva a tutti perché tutti gli chiedevano consiglio. Ebbe un lungo conflitto con il re di Francia Filippo.

Come "canonista" Ivo ci ha lasciato tre collezioni canoniche, due sicuramente attribuite a lui, e la terza con qualche dubbio: *Decretum*, *Panormia* e *Tripartita*. Queste collezioni raccolgono decretali dei papi e canoni dei concili della Chiesa con libri divisi per argomento. Scrive un testo dal nome *"De consonantia canonum"* (Sulla consonanza dei canoni) scritto nel 1095 circola come prologo del *Decretum* e della *Panormia*. Prologo in quanto è un trattato sulla interpretazione giuridica, come si devono interpretare le norme canoniche raccolte da lui: queste norme servivano a governare la Chiesa.

Ivo di Chartres si rende perfettamente conto che in questa miriade di norme che egli stesso ha raccolto (che è già una selezione delle fonti) ci si trova davanti a testi che non sono consonanti. Si cerca il mezzo di armonizzare i canoni, conferendo consonanza. C'è qualche cosa che è dissonante, e secondo Ivo perché alcuni canoni sono espressione di *rigor*, altri di *moderatio*. Egli vuole dare al prudente lettore gli strumenti per orientarsi in queste migliaia di testi potendo applicare il diritto nel modo appropriato alla circostanza, al caso concreto.

C'è dunque nell'ambito della disciplina ecclesiastica una tendenza al rigore, alla fermezza, ed una alla moderazione, alla equità, ed Ivo distingue due grandi categorie delle norme ecclesiastiche: precetti immobili (*preceptiones immobiles*), e precetti mobili (*preceptiones mobiles*). Quelli immobili sono stabiliti dalla legge eterna di Dio, in quanto immodificabili: se osservate danno all'uomo la salvezza, e se inosservate non danno all'uomo la salvezza, facendo riferimento al decalogo. Le norme mobili non sono stabilite dalla legge eterna, ma dall'uomo per un'utilità contingente finalizzate a favorire la salvezza dell'uomo, ma non sono necessariamente necessarie come quelle *immobiles*. Le proibizioni immobili sono campo di Diritto Divino inderogabile, e al contrario le norme mobili sono nell'ambito della varietà, create, modificate ed abrogate dall'uomo.

Il Diritto Umano è modificabile in quanto non facente parte della *Lex Aeterna,* e sulla base di ciò si costruisce la nozione di dispensa canonica: moderazione temporanea del rigore del diritto, per le necessità dei tempi o l'utilità della Chiesa. La chiave di lettura delle norme è proprio questa distinzione: Diritto Inderogabile (Supremo) e Diritto derogabile (Ordinario): la dispensa colpisce solo quello ordinario (Diritto Umano). La dispensa è un ammorbidimento del *rigor iuris*, ed è un tipico atto che conferisce elasticità al sistema delle norme: chi ha il potere di conferire dispensa può allentare il rigore del diritto in quanto la rigidità del diritto potrebbe cagionare nocumento.

Nel campo delle *preceptiones immobiles* non è possibile conferire dispense, ma nel campo del Diritto Umano, e possibile derogare mediante dispensa. Tutti gli ordinamento hanno questo strumento della elasticità. Un campo in cui tutt'ora si applicano le dispense sono quelle del Diritto Matrimoniale: vi sono taluni impedimenti che colpiscono il matrimonio; gli impedimenti si distinguono in dispensabili ed indispensabili: gli impedimenti dispensabili conferiscono quindi eccezioni su valutazione del Giudice (Vescovo). La dispensa è un'autorizzazione conferita dal Vescovo su valutazione specifica e particolare (alcune dispense possono essere conferite solo dal Papa). La *dispensatio* è un allentamento del *rigor iuris* che però deve avere una *iusta causa*, e deve essere finalizzato al bene delle persone, alla *salus animarum*, la cui discrezione è lasciata all'autorità giuridiziaria competente.

17. *Decretum Gratiani*

Il contributo particolare di Ivo di Chartres è stato quello di fare una *summa distintio* tra ordini, comandi, divieti, che sono stati messi in atto da Dio, e quelli che sono stati messi in atto dall'uomo, quindi facendo distinzione tra *preceptiones immobiles* e *preceptiones mobiles*. Questo Vescovo è stato il primo ad elaborare il concetto di dispensa: l'allentamento del *rigor iuris*. Il *rigor* può essere reso flessibile mediante una valutazione equitativa. Nelle *preceptiones immobiles* non è possibile allentare il *rigor*; quest'allentamento è ammissibile solo nell'ambito delle *preceptiones mobiles*. La norma di Dio è inderogabile, quella invece dell'uomo può essere derogata e modificata, ma anche abrogata.

Ad oggi nei paesi Occidentali gli ordinamenti degli Stati non ammettono norme soprannaturali, a differenza del mondo Orientale dove ancora sono in vigore le norme dell'ordinamento Coranico. Al tempo di Ivo però il Diritto Divino inglobava qualsiasi altro diritto: il diritto civile non era altro che un ramo subordinato del Diritto, ove quello Divino era norma fondamentale. Per il Diritto Canonico è stato necessario stabilire una eccezione all'interno dell'Ordinamento al fine di dar spiegazione alle discordanze, alle dissonanze del Diritto.

Esistono delle condizioni tali per le quali il diritto non consente che le persone contraggano matrimonio: l'età, ma in alcuni casi è possibile derogare a questa norma. Nell'ordinamenti civile, così come nell'ordinamento canonico, è possibile dispensare, autorizzare l'eccezione alla regola. Le considerazioni equitative sono esercitate da coloro i quali esercitano il rigore: l'equità è la ricerca dell'equilibrio tra le varie posizioni che ci sono in gioco. La norma più equa è il *rigor iuris* in astratto: ma nel concreto può avvenire che si richieda una moderazione dello stesso *rigor iuris*.

L'equità, la moderazione, la dispensa, l'autorizzazione va valutata con molta attenzione, considerando pure le conseguenze future, le implicazioni, i vincoli, etc. Non si parla quindi di misericordia, ma di valutazione della necessità, dell'utilità, e della opportunità. Il Diritto Canonico è quello che, rispetto a tanti altri, valuta di più la situazione: nulla è definitivo nel Diritto Canonico. Si può essere la persona peggiore del mondo, ma se alla fine della propria vita ci si pente, ed il pentimento è sincero, veritiero, la Chiesa non nega il perdono; ciò comporta che ciò che è sciolto sulla terrà sarà sciolto in cielo.

La dispensa viene fatta nell'interesse della persona in presenza della *iusta causa dispensationis*.

Ivo ci ha lasciato all'interno dei suoi scritti il *"De consonantia canonum"*, ed è un personaggio importantissimo di quest'epoca e formula il diritto come scienza: egli è uno dei primi intellettuali dotato di caratterizzazione professionale.

Algero di Liegi è un personaggio vissuto poco dopo al Vescovo Ivo, e scrisse il *"Liber de misericordia ed iustitia"* contenente in altri termini sempre l'equità, la *moderatio,* etc. La persona che ha autorità all'interno della Chiesa deve agire secondo questi criteri: valutazione dell'opportunità dell'eccezione. Algero di Liegi intorno al 1110 scrive una collezione molto meno copiosa di quella di Ivo, ma facendo un passo avanti: *Decretum, Panormia* e *Tripartita* di Ivo sebbene avessero un prologo, non avevano un commento: la distribuzione sistematica non era accompagnata da una interpretazione. Algiero di Liegi presenta l'opera come una raccolta di *auctoritates,* di canoni intercalati alle sue interpretazioni: ci sono brani usciti dalla penna di Algiero di Liegi commentando le antinomie comprendendo alla luce dei criteri sopracitati.

I *dicta* di Algiero di Liegi si aprono con un breve prologo che richiama quello di Ivo di Chartres: esiste una pluralità di norme all'interno delle quali si trovano differenze, e l'interprete deve trovare consonanza tra questi canoni, decretali, *auctoritates,* fonti, etc. Chi esercita l'*auctoritas* deve evitare la intemperata giustizia e la ingiustificata grazia: il rigore cieco ed il privilegio. Se c'è la *iusta causa* abbiamo dispensa, altrimenti abbiamo ingiustificata, indebita grazia.

Graziano con la sua opera ha dato vita al testo che ha dato fondamento al Diritto Comune Canonico: è un uomo misterioso di cui non sappiamo quasi niente, nato probabilmente a Chiusi (Arezzo), probabilmente un monaco. Le dicerie su Graziano sono posteriori: Graziano di sé non dice nulla e tutto ciò di cui si sa è opera dei suoi successori. L'opera di Graziano è nota come *Decretum*, ma egli diede una denominazione differente: *Concordia Discordantium Canonum*. L'obiettivo di Graziano è già contenuto nella denominazione della sua opera: la presa d'atto che ci sono canoni discordanti da concordare.

Graziano vive ed opera a Bologna, e lì redige la sua opera: questa conclusione si desume dal fatto che intorno al 1140 quest'opera da lì comincia a circolare ed essere spiegata e studiata nelle scuole di Diritto Canonico. Così come Irnerio è l'iniziatore dello studio del Diritto Civile, così Graziano lo è del Diritto Canonico. Esistono pertanto delle scuole dove si studia la scienza del Diritto Canonico sul testo di Graziano, e la scienza del Diritto Civile sul testo di Giustiniano, mediato da Irnerio.

Non c'era una compilazione ufficiale delle norme della Chiesa (a differenza di quanto accadeva col Diritto Civile), e questo ruolo fu disimpegnato dall'opera di Graziano. Quest'opera diventa definitiva intorno al 1140: si ritiene che questa fu un opera *in fieri*, ci volle qualche anno prima d'essere definitiva, e da un nucleo più ridotto si giunse ad una versione più integrata. Il *Decretum* è il frutto di una accumulazione di materiali con una certa struttura: non sono messi lì alluvionalmente ma sono composti con un certo ordine: raccoglie fonti del diritto della Chiesa dalla più varia origine nel corso di questi 1140 anni della Chiesa. Il Decreto di Graziano contiene un canone pubblicato in un concilio lateranense del 1139, pertanto si ritiene che la opera sia coeva. *Canonum* deve essere inteso in senso lato, ampio: canoni dei concili, brani patristici, decretali, citazioni, frammenti del Diritto Romano, norme tratte anche dal *Corpus Iuris Civilis*, e norme relative agli ecclesiastici, ed al clero.

Il *Corpus Iuris Civilis* contiene nelle *Novellae*, molte norme relative alla Chiesa antica cristiana. I 4000 testi del *Decretum Gratiani* sono disposti secondo un ordine particolare: è divisa l'opera in tre parti: 101 Distinzioni, 36 Questioni (le questioni sono parti delle *Causae*; ogni causa può avere più questioni), altre 5 Distinzioni (*De consecratione*). C'è una ripartizione tematica, e la novità consiste nel fatto che le prime 20 Distinzioni costituiscono una trattazione sulle fonti del Diritto (*Tractatus del legibus*). Graziano si rende conto che prima di iniziare a parlare di Diritto era necessario parlare di chi avesse il potere di porre il Diritto.

Viene esposta una gerarchia delle fonti di tutti coloro che potessero porre norme, sulla base della sistematica del *Corpus Iuris Civilis*. Questo titolo (incipit) *"Concordia discordantium canonum"* è insieme una constatazione, una presa d'atto, una dichiarazione di un programma. La *Ratio* è di colui che abbia creato l'opera, e si applica nel processo di selezione di questi frammenti: potevano essere 8000, ma c'è stata una selezione, applicando la ragione del compositore nel tentare questa concordia. L'opera è scritta secondo lo schema: *pro, contra, solutio*. La tripartizione è già visibile nelle Distinzioni: come dare concordanza a questo problema? Il Maestro ne dà la soluzione.

La *Questio* rappresenta un dibattito fittizio, e questo schema tripartito è il metodo tipico di un altro momento della vita giuridica: il momento del processo. C'è un dibattito fittizio che può, all'interno di una scuola, rappresentare anche il processo dove nella contrarietà delle parti vi è un terzo che dà la soluzione del caso.

La tripartizione perdura per tutta l'opera, dall'inizio alla fine: ogni causa si articola in varie *questiones*[19]. Nel risolvere questi problemi quali criteri vengono applicati da Graziano? Algiero aveva creato tre elenchi ordinati di norme ma le regole enunciate sono messe all'opera nella collezione a differenza di Ivo di Chartres. In Graziano no c'è un prologo come in Ivo, ma li mette in opera direttamente i suoi criteri: queste *auctoritates* non sono messe lì puramente e semplicemente: gli interventi di Graziano sono i *Dicta*, le cose dette dal Maestro Graziano.

All'apice delle fonti di produzione delle norme è Dio: la legge divina ed il Diritto Divino sono norma fondamentale d'ogni diritto, e Graziano tratta le grandi categorie del Diritto a partire dalle etimologie di Sant'Isidoro di Siviglia: differenza tra *ius* e *lex*, *consuetudo* e *mos*, *species iuris*, *ius naturalis*, *ius divinum*: i commenti sono contenuti nei suoi *dicta*, e la edizione ottocentesca prende il nome di "critica" in quanto verifica la veridicità dell'opera.

---

[19] Esempio: Un Vescovo giurò il falso credendo però di aver giurato il vero; un arcidiacono rifiuta di tributare obbedienza al Vescovo per aver giurato il falso; il Vescovo obbliga l'Arcidiacono a tributare obbedienza; il Vescovo viene accusato due volte. Ci si chiede se il fatto di giurare sia lecito nella Chiesa; ci si chiede se sia spergiuro colui il quale crede di dire cosa vera.

C'è un *dictum* di un canone molto importante che Graziano attribuisce ad Isidoro di Siviglia: "Bisogna notare che molti capitoli sono da considerare dalla causa (contestualizzazione della norma sulla base delle motivazioni), dal luogo (connotazione locale delle norme), dal tempo (connotazione temporale, considerando i 1140 anni della Chiesa), dalla persona". Nella *distintio* **31** si parla della disciplina del clero, se i sacri ministri possano o meno coniugarsi: ci sono norme che lo vietano, e norme che lo consentono, ma vi sono regimi propri della Chiesa latina, e regimi propri della Chiesa bizantina.

Nella Chiesa latina a partire dal suddiaconato in poi si stabilisce il divieto di contrarre matrimonio a partire dal IV secolo. Nella Chiesa bizantina invece è previsto che una persona coniugata possa ricevere il sacramento del diaconato e del presbiterato: non possono sposarsi da Diaconi o Presbiteri, ma sì viceversa; i presbiteri vedovi possono divenire Vescovi.

Ci si domanda la motivazione di questa discordanza e Graziano riesce a trovare la motivazione locale: "questa differenza deve essere compresa sulla base dei luoghi ove vigono diverse normative, delle diverse tradizioni giuridiche". L'osservatore razionalizza sulla base dei luoghi: sono entrambe giuste, o una è illegittima? Una delle due deve essere corretta? Sono entrambi leggi giuste, ma giuste nei propri contesti spaziali. Queste discordanze sono ammissibili in quanto si è nell'ambito della *lex aeterna*: queste sono *preceptiones mobiles*.

Queste discordanze sono il frutto dello sviluppo storico differenziato. La ***distintio* 56** si apre con una questione: "i figli dei presbiteri non possono diventare essi stessi presbiteri". Un *Dictum* dice che se i figli di presbiteri si fanno presbiteri viene fatto sulla base di una *imitatio paterna*. Ci sono però degli esempi storici di alcuni di questi figli, qualora degne, che sono divenute Vescovi: fino al 1139 i matrimoni dei presbiteri erano illeciti ma non erano nulli.

18. (Segue) *Decretum Gratiani*

Graziano ragiona sopra la norma della ***Distintio* 56** ritenendo che l'applicazione sia aderente a quei figli di presbiteri che emulino il crimine dei propri padri, ma attraverso esempi storici può desumersi che se vi sono figli di particolare dignità sarebbe ammissibile una dispensa. Dopo aver individuato una lunga serie di eccezioni Graziano enuncia principi ermeneutici fondamentali. La giusta causa consiste nella idoneità, nella dignità, nella opportunità. Ciò che è introdotto attraverso la *dispensatio* "non può essere tratto a conseguenza di regola". La norma eccezionale non può avere una interpretazione estensiva ed una applicazione analogica o differente.

Prima di Graziano, Algiero ed Ivo c'era il nulla: questi si inventano le tecniche, o riscoprono quelle proprie dei giuristi romani costruendo strumenti di ragionamento utilizzati tutt'ora. Dal declino della scienza giuridica romana fino al XII c'è stato il buio assoluto: nessuno aveva ragionato in questo modo. La *Distintio* **62** è relativa alle elezioni ecclesiastiche: queste richiedevano la partecipazione del popolo e del clero, ma bisognava definire il ruolo dell'uno e dell'altro: "brevemente è stato mostrato – recita la *Distintio* - attraverso quali ordini e gradi i chierici possono essere eletti e promossi".

Il popolo della Chiesa era stato impersonificato da un governatore secolare (Principe, Re, Imperatore, etc.) nella elezioni dei Vescovi o del Papa, e ci si domandò se mancasse l'effettiva volontà del popolo. Se una comunità ecclesiastica non sopportava il proprio Vescovo, la *malitia plebis*, la malevolenza, l'ostilità del popolo sarebbe stata causa di legittima rinuncia di episcopato o del titolo di Parroco. Il consenso del *subiectus* è determinante sul fatto che il governante possa esercitare un potere su di lui.

Il *Decretum Gratiani* non resta chiuso in una biblioteca; talune opere hanno un solo esemplare e non sono state mai pubblicate. Graziano, nella stessa ora in cui compone quest'opera, si fa giurista e maestro: siamo all'inizio delle scuole giuristiche canonistiche, e questo fenomeno è rapidissimo. Contestualmente alla pubblicazione nasce la scuola grazianea, le scuole canonistiche di Graziano, e da Bologna l'opera emigra con gli studenti e con i maestri (*domini*). L'opera circola con manoscritti, con una immensa fortuna, e quello tenuto nel monastero di San Gallo è la versione più antica, che è una opera probabilmente precedente, risalente al 1120, partendo direttamente dalla seconda parte del "*Decretum*", e non ebbe una grandissima diffusione.

Le aree in cui è attestata la presenza dell'insegnamento di Graziano sono situate nell'Europa Centrale, zona Franco-Renana, Germania, Italia Settentrionale, etc. La Scienza del Diritto Canonico è una scienza del testo, una conoscenza del testo di autorità, del *Decretum Gratiani*. Tra gli anni '40 e '60 del XII sec. allievi di Graziano, studiosi, giuristi, divenuti maestri come Paucapalea, Rufino, hanno perseguito l'opera di Graziano con versioni più ampie con annotazioni. In alcune versioni più recenti si presentò il termine "*palea*" (Forse in riferimento a Paucapalea, o dal greco "*palin*": di nuovo).

Questi manoscritti contengono il *Decretum*, ma contengono anche delle annotazioni: le glosse. Coloro i quali annotavano il testo appartenevano alla generazione dei glossatori. Il testo, seppur glossato, si diffondeva su libri con copie su fogli di pergamena. La pergamena è una carta non composta di cellulosa: è pelle di pecora. Per poter fare un libro era necessario un artigiano che sapesse lavorare la pelle di pecora, saperla scuoiare, trattare, ripulire, elaborare, spelare, seccare. I confini di questa pelle sono irregolari e la superficie è sottile e molto dura, ed una volta piegata in due si hanno complessivamente quattro facciate: per poter scrivere intere opere era necessario scuoiare interi greggi di pecore.

Il testo normativo dell'opera è distribuito su due colonne con miniature; le miniature avrebbero potuto contenere anche oro, ed il prezzo di un libro era equivalente a quello di un immobile. Inizialmente il lavoro per un libro ammontava ad un anno, ma col passare del tempo, anche grazie all'organizzazione degli *stationarii*, si è potuto velocizzare il lavoro. La ricopiature veniva attribuita ad una squadra di ricopiatori amanuensi, ed i costi avrebbero potuto anche ridursi. Questi libri venivano utilizzati nelle scuole, e questo ci viene provato dalla presenza delle glosse: le glosse erano marginali (se poste al margine), od interlineari (se poste fra un rigo ed un altro): il libro veniva elaborato e perfezionato con molto spazio (prima che le glosse riempissero tutti gli spazi quando ci fu l'avvento degli apparati).

Questi manoscritti venivano utilizzati non solo da una persona sola: avveniva molto spesso la rivendita, il riutilizzo a distanza di anni, cessione, donazione, etc. Le glosse potevano contenere spiegazioni delle nozioni e dei concetti, della *littera* del testo, rinvii a norme esterne, rinvii a norme romane, rinvii *"supra"*, rinvii *"infra"*, collegamenti fra i casi, etc. Il Digesto veniva indicato con una D tagliata (Đ), alcuni studenti mettevano i propri nomi, le proprie firme sui testi, alcuni disegnavano.

C'è chi si prendeva la briga di scrivere un commento ad ogni canone, e, passando dalle glosse sparse ad un testo completamente glossato, si giunge all'*apparatus*. L'apparato ordinario è stato redatto da Giovanni Teutonico: l'apparato ordinario è quello che costantemente viene ricopiato accanto al testo del Decreto di Graziano. Altri autori furono: Alano Anglico, Lorenzo Ispano. Il testo su due colonne e con miniature veniva accompagnato da tutto l'apparato di glossa circostante: i margini non sono più vuoti, ma completamente e continuamente pieni di glosse, ed ognuna è indicata con un segno diverso.

L'apparato ordinario conteneva tutte le glosse, tutte le spiegazioni fatte nei decenni, nei secoli precedenti. Di questi apparati se ne sono potuti trovare esempi anche in ambienti extrabolognesi: Francia, Germania, Spagna. Un altro modo di scrivere il testo di Graziano è la *summa*: questo genere di scrittura cominciò a svilupparsi subito dopo all'instaurazione delle scuole grazianee. Mentre un *apparatus* è un insieme di glosse, la *summa* è una spiegazione discorsiva del testo, seguendo il suo ordine, ma senza riportare più il testo.

La più importante e grande summa, la più monumentale è quella di Uguccione da Pisa che la creò nel 1188 ed era professore a Bologna.

19. *Ius Novum*

Tra XI e XII sec. c'è una svolta nella scienza giuridica occidentale: la Chiesa di questi secoli è erede della riforma gregoriana e le strutture della Chiesa per come si consolidano dopo la riforma sono quelle organizzative per come sono conosciute ad oggi, fortemente accentrate, ed il cardine di questo sistema diventa la Sede Apostolica con il Papa. La Chiesa romana si assume il compito di restaurare l'autentica disciplina della Chiesa col ritorno alle origini, taglio dei rami devianti e restaurazione della Chiesa. La nascita della Scienza giuridica è dovuta per quanto riguarda il Diritto Canonico ad una collezione, che è quella di Graziano, che è la somma, il compendio di tutta la disciplina anteriore. Graziano è un privato: non era una persona che esercitava un'autorità di governo nella Chiesa.

Si rafforza l'apice della gerarchia ed il Papa assume in prima persona il governo della Chiesa anche nei suoi aspetti capillari a scapito di quelle sacche di autonomia che si erano alimentate nel corso dei secoli alto medievali: il Papa assume il ruolo di legislatore nella Chiesa. Si rafforza una curia romana che collabora con il Papa nella gestione degli affari all'interno dell'ordinamento della Chiesa. Il Papa per esercitare autorità di governo nelle periferie nomina dei rappresentanti, nomina dei legati (Vescovi che si trovano sul posto o Cardinali provenienti di Roma). Una Chiesa si governa anche con le leggi e si constata con quale abbondanza questi Papi a partire dal XII secolo legiferano. Il Decreto di Graziano costituisce lo scheletro dell'edificio normativo della Chiesa, che verrà integrato dai Papi.

Il Papa produce norme che in forma diversa rispetto allo scopo, alla sollecitazione, alla richiesta, al luogo, al tempo. Il Papa individua un principio di Diritto esistente nelle norme vigenti e la base dei loro provvedimenti normativi è certamente un Diritto antico, contenuto nel Diritto di Graziano. Il Decreto di Graziano fu pubblicato intorno al 1140 e probabilmente ha avuto una riedizione integrata da Paucapalea nella seconda metà del XII secolo. Alessandro III ed Innocenzo III furono due Papi legislatori, ma non furono uno dopo l'altro. L'accrescimento del patrimonio giuridico della Chiesa attraverso i Papi è giustificato e rafforzato dall'interpretazione dei giuristi.

Questo fenomeno per cui il Papa assume un ruolo rilevante rispetto al Collegio Episcopale nei concili si ha solo nel secondo millennio: i concili riducono la loro importanza in quanto ecumenici *de facto* non ce ne saranno più (a seguito degli scismi). Nel primo millennio l'impulso alla convocazione dei concili avveniva dagli imperatori e dai Re; nel secondo millennio il concilio è voluto dal Papa (ricordiamo i *Dictatus Papae*). C'è un'azione dei giuristi nel cercare i fondamenti giuridici del potere del Papa: da Graziano in poi i decretasti perseguirono questa ricerca, studio delle fonti, sviluppo della dottrina.

Questo sistema di governo inaugurato a partire dal XII secolo è quello della monarchia papale. I giuristi elaborano una serie di concetti per spiegare per quale motivi il Papa abbia tale autorità: il Papa è *Vicarius Christi* perché fa le veci di Cristo, perché è successore di Pietro: attraverso la successione di Pietro c'è la rappresentazione di Cristo. Il concetto della *plenitudo potestatis* (pienezza del potere) prevede che il Papa sia titolare del potere della Chiesa nella sua pienezza e tutto ciò che può fare la Chiesa può essere fatto dal Papa, e gli inferiori del Papa posso esercitare funzioni di governo molto limitatamente (con giurisdizione circoscritta alla propria diocesi).

Il potere del Papa è supremo, non c'è alcuna autorità in terra superiore al Papa, ed è anche universale perché tocca tutta la Chiesa: di fatto ci possono essere settori della Chiesa cristiana che si sottraggono all'obbedienza del Papa: scismi, riforme, eresie, sette, etc. C'è un altro concetto elaborato dai giuristi sulla base di principi concentrati nel Diritto Romano: il Papa è anche *legibus solutus*, sciolto dal vincolo delle leggi, secondo il principio della *absolutio legibus*: *Princeps* (*Pontifex*) *legibus solutus est* (l'autore della legge può anche modificarla, abrogarla, sospenderla, adottare una dispensa, non farla vigere su sé stesso).

Il sovrano assoluto non è quello che può far tutto, ma quello che è sciolto dal vincolo delle leggi: il Papa è monarca assoluto nel senso che è sciolto dalle leggi ma non può fare la qualsiasi, deve comunque attenersi al solco costituzionale della Chiesa. La suprema potestà del Papa deve essere esercitata come espressione di una servizio, e non arbitrariamente: il Papa (così come tutti coloro i quali disimpegnano un ministero) è un servo. Il Papa può svolgere il suo potere di modifica solo nell'ambito delle *preceptiones mobiles*: il vincolo del Diritto Divino è immodificabile. I sistemi giuridici superiori a quello umano comprendono anche il Diritto delle Genti (*Ius Gentium*): alcuni ritengono essere quest'ultimo derivante dal Diritto Naturale (*Ius Naturale*), o da una convenzione tacita umana, etc. In ogni caso il Diritto Divino (*Ius Divinum*) è superiore al Diritto umano (*Ius Humanum*). Il Papa non potrebbe prendere una decisione contraria ad un precetto Divino, e se adottasse un provvedimento in ambito di Diritto Divino, sebbene questo non sarebbe giudicato in terra, sarebbe egli responsabile di fronte a Dio. La prima sede non è giudicata da nessuno, il Papa *superior non recognoscens*. La produzione normativa avviene attraverso la moltiplicazione delle decretali. Le lettere decretali furono scritte a migliaia: da un lato c'era una richiesta d'intervento, dall'altro c'era un preciso controllo del Papa e le decretali producono a lungo termine una riformazione della Chiesa sulla base di linee giuridiche che si consolidano nella Chiesa stessa.

La conoscenza della miriade delle decretali si ha mediante le collezioni canoniche e questo fenomeno della produzione normativa si pone parallelamente a quella della raccolta della normazione: accanto alle decretali ci stavano i decretalisti, ed accanto ai decreti i decretisti. Le collezioni non sistematiche sono quelle antiche, in qui le decretali sono semplicemente ammassate e non ordinate logicamente.

Queste decine, centinaia, migliaia di testi vengono organizzati secondo un ordine logico con una rubrica in modo tale da trovare il più facilmente possibile l'oggetto d'interesse. Le *quinque compilationes antique* sono le collezioni più importanti (le prime) oggetto di studio: sono antiche perché rimpiazzate dal una collezione nuova. Il Papa emana decretali e convoca concili generali. La prima di queste *quinque compilationes* fu redatta tra il 1188 ed il 1190, dopo il III Concilio Lateranense, l'autore è Bernardo da Pavia, Vescovo, giurista e Professore a Bologna: egli redasse questa compilazione come *Breviarium extravagantium* (Solo successivamente prese il nome di *Liber Primum*).

Il contenuto del Breviario viene considerato stravagante in quanto vagante al di fuori del Decreto di Graziano, raccogliendo decretali e concili successivi al Diritto grazianeo, quindi uno *ius novum*. Il Breviarium è diviso in cinque libri per argomento, ed il modo per ricordare il nome dei cinque libri è una sequenza di nomi: *Iudex, Iudicum, Clerus, Connubia, Crimen.* L'importanza del *Breviarium* risiede nella organizzazione in cinque libri sulla base del fatto che da questo schema non si tornerà più indietro: verrà sempre e comunque seguito questo schema. Un'altra compilazione (*Secunda*) antiqua è di Giovanni di Galles: probabilmente è stata redatta dopo la *Compilatio Tertia*, ma contiene argomenti precedenti alla terza, per quanto chiamata *secunda*. Innocenzo III volle la *Compilatio Tertia*, e fu la prima volta nella storia in cui il Papa si fa artefice di una intera compilazione (al dì là della singola normazione della quale era giù esperto), e la pubblica come fosse cosa sua.

La novità risiede nel metodo di pubblicazione: la compilazione è preceduta da una bolla molto breve con la quale indirizza la compilazione alla scuola di Bologna indicando ai professori ed agli studenti di leggerla nelle scuole, studiarla ed applicarla nel foro: ciò ci dà idea del ruolo propulsivo delle scuole di Diritto, e lo studio e l'interpretazione di questa costituzione ne diede "esecuzione".

La *Quarta Compilatio* è stata redatta da Giovanni Teutonico, l'autore dell'apparato ordinario al *Decretum Gratiani*: La *Compilatio Quarta* contiene i canoni del IV Concilio Lateranense. La *Compilatio Quinta* è di Onorio III, e fu pubblicata nello stesso modo con cui fu pubblicata la terza. Sorge ancora una volta l'esigenza del coordinamento di questi cinque libri, è stato necessario rendere ordine e l'opera fu svolta da un altro Papa: Gregorio IX (il successore di Onorio III). Il materiale normativo doveva essere coordinato, sintetizzato, selezionato ed armonizzato (c'erano norme ripetute e discordanti). Venne incaricato Raimondo di Pennaforte[20] di compiere la ricompilazione attribuendo il nome di Decretali di Gregorio IX o *Liber Extra*.

Nel *Liber Extra* vengono inserite pure le sue decretali e le sue costituzioni nel 1234: sostanzialmente mette fuori uso le cinque compilazioni antiche, che cesseranno di avere una circolazione essendo sostituite dalla compilazione unica. Ma le legislazioni tra XIII e XIV sono incessanti: ci sono tre importantissimi concili generali (Lione I, Lione II, Vienn). Riemerge l'esigenza di raccogliere e coordinare questo materiale, ma inevitabilmente si crea

---

[20]   Raimondo   di   Peñafort (Santa   Margarida   i   els Monjos, 1175 – Barcellona, 6   gennaio 1275)   fu un religioso spagnolo appartenente all'Ordine domenicano; è stato proclamato santo da papa Clemente VIII nel 1601. Gli fu ordinato di scrivere per i confessori una Somma dei casi di coscienza e scrisse *Summa de Casibus Poenitentiae*. Ebbe importanti incarichi da papa Gregorio IX, fu suo confessore e in seguito fu da lui nominato suo cappellano e penitenziere, inoltre fu da lui incaricato di raccogliere tutte le Decretali e decisioni pontificie, destinate a sostituire le varie raccolte già esistenti. Questo lavoro fu ufficialmente promulgato il 5 settembre 1234 dal Sommo Pontefice, e presentato all'università di Parigi e di Bologna. Durante la sua permanenza presso la corte pontificia, a nome del Papa, Raimondo diede numerose risposte a consultazioni giuridiche, che furono raccolte con il nome di *Dubitalia*.

una confusione, e si trova un primo sbocco nel 1298 con il *Liber Sextus* di Bonifacio VIII, con la medesima ripartizione dei cinque libri (*delle quinque compilationes antique*).

Giovanni XXII promulgo le *Decretales Clementinae* nel 1317; tra il 1499 ed il 1501 Jean Chappuis pubblicò le *extravagantes* di Giovanni XXII e le *extravagantes communes* (Opera che aveva costruito egli stesso). Jean Chappuis pubblicò insieme all'interno di un una pubblicazione il *Decretum Gratiani*, il *Liber Extra*, il *Liber Sextus*, le *Decretales Clementiae*, le *Extravagantes* di Giovanni XXII e le *Extravagantes Communes* col nome di *Corpus Iuris Canonici*: questo divenne il testo fondamentale di studio dei giuristi canonisti in tutto il mondo conosciuto cattolico latino.

L'educazione del giurista è stata la medesima in tutta Europa. Nel Meridione d'Italia v'era la Federico II del 1224 di Napoli e lo *Studium Generale Siciliae* del 1434. Nel XVI secolo lo stesso testo veniva studiato in Europa e nel Sud America, con la stessa tecnica, con le stesse modalità, nella stessa lingua.

20. Decretisti e Diritto Comune

Gli studiosi delle Decretali sono i decretalisti, invece gli studiosi del Decreto sono i decretisti. L'autorità dottrinale di questi autori si prolunga per secoli in tutta Europa ed oltre. Raimondo di Pennaforte ha preso le decretali (che avevano in vero un destinatario particolare, con la ricapitolazione del caso in questione) ed ha estratto le parti narrative traendo solamente la parte dispositiva, enucleando la regola di diritto enunciata per quel determinato caso, il quale pertanto viene semplicemente sintetizzato.

Dopo la metà del '500 i pontefici romani presero l'iniziativa di redigere una versione ufficiale del *Corpus Iuris Canonici,* la quale appunto prende il nome di "romana". I libri legali si trovano in tutto il mondo latino, colonizzato dalla Chiesa, e da essa dominato. Bernardo da Parma è l'autore dell'apparato ordinario al *Liber Extra*; Goffredo da Trani (preveniente dalla Puglia) scrisse pochi anni dopo la pubblicazione del *Liber Extra* una grande sua *Summa.* La trattazione è più discorsiva in cui l'autore affronta titolo per titolo i temi trattati nel *Liber Extra* e prescinde dal testo della legge.

Sinibaldo dei Fieschi è Papa Innocenzo IV il quale scrisse un apparato sul *Liber Extra* mentre disimpegnava il ruolo di Pontefice. Enrico da Susa

morto nel 1271 fu Cardinale, soprannominato
"ostiense" (perché Cardinale ad Ostia) e scrisse sia un
Apparato che una *Summa*. Giovanni d'Andrea è un
laico che scrisse un grande commentario al *Liber Extra*
ed è autore dei grandi apparati ordinari alle Clementine
ed al *Liber Sextus*. I *commentaria* sono scritti in un
libro autonomo rispetto al testo delle leggi. Niccolò
Tedeschi (forse perché oriundo tedesco) era nato a
Catania nel 1386 e morto a Palermo: soprannominato
l'Abate Panorminato (o anche *Abbas Modernus*)
perché divenne arcivescovo di Palermo e scrisse grandi
commentaria al *Liber Extra*.

Il Diritto Canonico (*Ius Canonicum*) si accosta al
Diritto Civile (*Ius Civile*) all'interno del Diritto
Comune (*Ius Commune*): entrambi diritti reggono il
mondo cattolico sotto il piano religioso (ecclesiastico)
e (laico) civile. Il contesto in cui operiamo vede un
Diritto che non è prodotto dello Stato (a differenza di
quanto possa essere accaduto in Europa a partire dal
'800 in poi). In questo contesto medievale non c'è
alcun soggetto che possa vantare la titolarità esclusiva
della regolamentazione della vita dell'uomo: è un
sistema pluralistico. Gli ordinamenti civili sono Regni,
Città libere, Sacro Romano Impero, ed il Diritto Civile
è uguale a tutti questi luoghi, è un diritto comune. Si
pone il problema delle relazioni fra i due diritti, ma le
relazioni sono necessarie in quanto il soggetto

dell'ordinamento civile e quello dell'ordinamento canonico coincidono: la persona umana è al contempo *civis* e *fidelis*.

La sfera temporale del secolo avvolge la vita dell'uomo contemporaneamente alla sfera spirituale sovrannaturale. Non c'è una pretesa di esclusività nella regolamentazione della vita dell'uomo. L'imperatore (o il re) si veste di un abito sacrale, come un tutore e protettore della Chiesa: egli si ingerisce prepotentemente all'interno dell'ordine spirituale con le stesse caratteristiche dell'orientamento costantiniano. La posizione della Chiesa è sintetizzata nella formula del dualismo gelasiano. La concezione dualistica della Chiesa comporta che essa riconosca la legittimità del potere civile affianco alla propria. Ciascuna delle due autorità presidenti (Imperatore e Pontefice) hanno delle finalità e degli obiettivi propri da coordinarsi.

Papa Gelasio I invia una lettera all'Imperatore d'Oriente Anastasio dicendo che "due sono le colonne che reggono il nostro mondo": l'autorità sacra dei pontefici (*Auctoritas pontificum sacra*) e la potestà regale (*Potestas regalis*). La *regalis potestas* presiede alla vita dell'uomo su questa terra: si promuove di preservare l'ordine pubblico; invece l'*auctoritas pontificum* ha il fine di promuovere la vita sovrannaturale dell'uomo. Gelasio I nel *De Anatematis vinculo*[21] dice che solo Cristo (Melchisedec[22] lo fu anche secondo la Scrittura dell'Antico Testamento) fu l'ultimo ad incarnare *Auctoritas Pontificum Summa* e la *Potestas Regalis*. Cristo ha voluto che nessun'altro fosse al contempo Sommo Sacerdote e Sommo Re.

Questi discorsi trovano fertilità nella *Respublica Christiana* ove *Ecclesia* e *Civitas* coincidono: i soggetti sono gli stessi, i *cives* sono *fideles*. I campi di conflitto tra l'ordine temporale e l'ordine spirituale si estendono e gli scontri si acuiscono man mano che ci si allontana dalla confessione cristiana. Questo testo di

---

[21]L'opera si sofferma nel stabilire le competenze tra la Chiesa e l'Impero, questa infatti dice esattamente che il mondo è retto da due dignità le quali all'inizio erano incorporate entrambe da Cristo ma che poi lui ordinò che dopo di lui le si divise, una era la sfera temporale competenza dell'Imperatore e cui la Chiesa si doveva uniformare poiché istituto dello Stato e dipendente da essa. L'altra invece era la sfera spirituale al cui volere l'imperatore come uomo religioso si doveva uniformare e a cui doveva obbedire

[22]Melchisedec (Melchizedek o Malki-tzédek מַלְכִּי־צֶדֶק / מַלְכִּי־צֶדֶק "Il mio Re è giusto", Ebraico Standard Malki-ẓédeq / Malki-ẓádeq, Ebraico tiberiense Malkî-ṣédeq / Malkî-ṣāḏeq), a volte scritto Malchizedek, Melchisedech, Melchisedek, Melchisedeq o Melkisedek, è una figura emblematica e misteriosa nell'Antico testamento, della Tanakh o Bibbia ebraica, e del Corano. Nella Bibbia è identificato come re del regno di Salem (che si ritiene fosse l'antica Gerusalemme) e come Sacerdote dell'altissimo Dio; secondo l'esegesi ebraica si tratta di Shem, figlio di Noè. Il sacerdozio di Melchisedek è uno dei più alti gradi del Sacerdozio tra i membri della Chiesa di Gesù Cristo dei Santi degli Ultimi Giorni, o mormoni.

Papa Gelasio I per frammenti circolò nelle collezioni canoniche fino ad entrare nel *Decretum Gratiani*. Il testo gelasiano diventa le sede attorno alla quale i giuristi medievali riflettono intorno all'ordine secolare e quello spirituale. Il testo esprime questo principio del necessario coordinamento fra i due ordini ed il contesto è quello della *Societas* o *Respublica Christiana* in cui v'è la duplice obbedienza ma il dovere e l'obbligo nei confronti di Dio deve eventualmente prevalere in rapporto a quello tributato all'Imperatore. Gli stessi Papi devono rendere conto a Dio per il modo in cui gestiscono gli affari della Chiesa.

Questa necessità di coordinamenti si esprime mediante alcuni termini: p.es.: **corpus** (Corpo mistico di Cristo dotato di membra: il tutto è più della somma delle parti, sistema organico). Accursio pone la cose in modo netto: il Papa non si deve immischiare nelle cose temporale e l'Imperatore non deve immischiarsi nelle cose spirituali. Alcuni infatti pongono la questione poco meno nettamente, ed Odofredo (contemporaneo di Accursio) dice che *Dominus Papa* in ragione del peccato (*ratione peccati*) si intromette in tutte le cose: il peccato è pur sempre competenza della Chiesa, in qualsiasi sfera. Indipendentemente da essa, quindi non è vero che la Chiesa (personificata nel Papa) non debba immischiarsi nelle questioni temporali, in quanto è sempre possibile che l'uomo anche nelle questione temporali possa commettere peccato.

Diventa centrale la *ratio peccati* che è titolo d'intervento nell'incursione delle Chiesa nelle questioni temporali, e la Chiesa interviene di volta in volta in modo differente. Non è un ghiribizzo di Papa ed Imperatore l'intervento del Papa nella sfera secolare: se c'è il peccato il Papa ha il dovere d'intervenire. La *potestas ecclesiastica* si deve svolgere nel contesto delle missioni che Cristo ha affidato alla Chiesa. Le leggi civili sono normalmente attribuenti di facoltà: l'atteggiamento dei laici è stato quello di dare delle possibilità, anche se il fedele cattolico non ne usufruirà. La *ratio peccati* attribuisce alla Chiesa il diritto di parlare entro l'ordinamento civile. Questa concezione dualistica è quella che la Chiesa ha fatto ufficialmente propria: riconoscere la legittimità del potere politico entro un sistema in cui vige al pari l'autorità spirituale.

Legittima autonomia delle realtà temporali, impossibilità di separare la politica dalla morale, giusta indipendenza degli ordinamenti dalla sfera religiosa: queste sono parole del Concilio Vaticano II, ma sembrano richiamare le parole di Gelasio I. La Chiesa ha il diritto ed il dovere di esprimere i principi e dare giudizi morali in materia di disposizione della vita umana. Questo dualismo diventa un luogo in cui la

Chiesa non agisce direttamente nella società ma vi agisce soprattutto attraverso i fedeli. La Chiesa prende posizione esortando i fedeli a seguirla. La Chiesa si riconosce questo diritto come originario, al di là dei diritti costituzionali fondamentali di un ordinamento moderno; la Chiesa riconosce una indipendenza religiosa, spirituale, e la libertà di esprimere giudizi morali.

La libertà religiosa è un problema grandissimo: la compressione di questa va accanto alla compressione della libertà di manifestazione del pensiero, d'opinione, di parola, etc.

21. "Ingerenza" *Ratione Peccati*

La Chiesa nel corso della Storia ha rivendicato una sua libertà derivante da un diritto originario istituito direttamente da Cristo. L'uomo è il fedele immerso nella propria *civitas* ed ad egli spetta riempire la vita del secolo nel rispetto delle leggi. V'è una sostanziale fedeltà al principio dualistico, ma ogni tanto nel corso del temo è emerso un sentimento ierocratico, che sottopone il potere secolare a quello spirituale. Il Papa detiene le insigne imperiali, può deporre l'imperatore e può sciogliere i sudditi dal vincolo di fedeltà. La ierocrazia è la sottoposizione del potere civile al potere ecclesiastico sulla base del principio che all'origine di ogni potere civile ed ecclesiastico sta comunque a Dio: Egli ha voluto che gli uomini siano governati da una autorità, la quale provenendo da Dio viene amministrata dalla Chiesa: la Chiesa è l'arbitro dell'esercizio giusto del potere civile, secolare.

Le dichiarazioni di principio sono basate sull'idea che il Papa incorona i Re, li unge, li scomunica, li depone: il Papa è ministro di Dio, e del potere sugli uomini in terra. Il potere dei Re è dato dal Diritto Divino: è Cristo che incorona i Re (per mezzo del suo Vicario). Papa Bonifacio VIII emanò la *Bolla Una Sanctam* nel 1302 la quale si esprime l'apice dell'orientamento ierocratico: Il Papa deve istituire la potestà terrena ed eventualmente giudicarla qualora deviasse. Se devia la potestà spirituale l'inferiore sarà giudicato dal superiore (*Pontifex superior non recognoscens*).

Questo tramite del Papa del potere secolare è necessario per ottenere la salvezza: la *salus animarum*. Bonifacio VIII è stato accusato di esprimersi in termini esagerati ed esorbitanti rispetto a quanto possa aver detto Cristo col suo insegnamento. Il Re di Francia è riuscito a portare i Papi ad Avignone e tassare i beni ecclesiastici, volendo esercitare potestà di tipo sacrale, oltre a quella di tipo civile nel proprio regno. Bonifacio

VIII si rifugiò ad Anagni (presso Frosinone) ed un emissario del Re di Francia (Principe Colonna) si prese la libertà di prendere a schiaffi il Papa: nel giro di poco tempo Bonifacio VIII morì.

Il Papa che enuncia queste cose è immerso in un conflitto: lo stesso Papa nello stesso anno in cui pubblica questa Bolla (1302) si esprime perfettamente rispettoso del principio dualistico. In una assemblea di Cardinali (Concistoro) Bonifacio rifiuta le accuse del Re di Francia di esorbitare i propri poteri: Bonifacio VII era esperto di Diritto e si esprime in termini gelasiani allo stato pure. Qualora ci siano stati pontefici che abbiano espresso delle linee di pensiero ierocratico, lo si deve al fatto dell'esistenza di Monarchi che affermavano un'altrettanta autorità esorbitante in capo al Re.

Nel Decreto di Graziano ci sono tanti testi che disciplinano fattispecie proprie del Diritto Civile ed il terzo libro delle Decretali (*Clerus*) si trova un titolo relativo al feudo, al contratto, al comodato, al patrimonio, alla famiglia, etc. Questi interventi che riguardano discipline del Diritto Civile materialmente iscritti con titoli propri del civilismo si tratta di interventi compiuti *ratione peccati*. L'intervento della Chiesa su queste discipline è pressoché indiretto sulle cose temporali e non modifica le leggi, ma semplicemente dà degli ordini ai singoli fedeli, e come strumento eventuale di coercizione la Chiesa ha la sanzione spirituale: la scomunica, l'interdetto (divieto, proibizione che si celebrino cerimonie sacre in un determinato luogo). La grande massa di questi interventi della Chiesa ratione peccati sono poi confluiti all'interno dei testi del *Corpus Iuris Canonici*: gli interventi dei concili hanno integrato queste norme ed il contesto non mostra la volontà di qualcuno d'essere legislatore esclusivo.

Gli uomini sono tutti soggetti alla giurisdizione della Chiesa, e lo studio dei due diritti divenne uno studio fondamentale: chi vuole conoscere la realtà per bene deve studiare *utrumque ius*. La necessità della congiunzione dei due diritti la si capisce da un proverbio medievale: *"Civilista sine canonibus parum valet; Canonista sine legibus nihil valet"*. Non si può comprendere il tutto senza la conoscenza commista dei due diritti. L'età del diritto intermedio va dall'XI secolo sino al XVIII: piena vigenza e studio del Diritto Comune.

Il sistema della ratio peccati è stato conservato come consapevolezza profonda dalla Chiesa per tutto il Medioevo. Nel 1204 Giovanni senza Terra (fratello di Riccardo cuor di Leone) ebbe una controversia in materia feudale con il Re di Francia Filippo: il Re d'Inghilterra aveva territorio feudali in Francia, il cui feudatario era il Re di Francia: per quel feudo il Re inglese era inferiore al Re francese. I Re si giurarono reciprocamente l'accordo di fedeltà di diritto feudale, ma il Re di Francia venne meno al giuramento (il giuramento è impegno con Dio). Il Re d'Inghilterra ammonì il Re di Francia e si rivolse al Papa. Il Papa (Innocenzo IV) rispose di non essere competente in materia di Diritto Feudale ma ammonì il Re di Francia a rispettare il giuramento in quanto vincolo assunto di fronte a Dio.

L'intento del Papa non è sminuire l'autorità del Re di Francia, non una ingerenza negli affari dei due Regni, ma di indurre un fratello a rispettare un impegno secondo il principio *"Dic Ecclesiae"* (Dillo alla Chiesa se un fratello si allontana). Il giudizio sul feudo spetta al Re di Francia (ed il Papa non lo disconosce), ma il giudizio sulla violazione del giuramento (in quanto giuramento di fronte a Dio) spetta alla Chiesa, rappresentata dal Papa che opera con la censura. Il Papa può e deve censurare le violazioni degli impegni: "nessuno che sia di mente sana ignora che spetti al Papa ammonire il fedele per il suo peccato".

C'è un intervento del Papa *ratione peccati* in una materia inevitabilmente feudale. L'uso del giuramento in ambito patrimoniale, immobiliare, personale, familiare, successorio, era diffusissimo, e tante volte questo giuramento era praticato per dare stabilità ad impegni che secondo la legge civile non avrebbero avuto effetti giuridici: il diritto romano prevedeva la revocabilità del testamento fino all'ultimo respiro di vita; gli uomini medievale volevano in vero dare stabilità al testamento, e come? Mediante un giuramento. Ciò causò in vero una serie di problemi a non finire: il Diritto Civile continuava a dire che il testamento era revocabile, ma il diritto canonico prevedeva peccato nel venire meno al giuramento di irrevocabilità. Il Diritto Civile rifiutava la validità del giuramento.

Nel 1210 viene sottoposto ad Innocenzo III un caso proveniente da un Vescovo Francese: la premessa prevede che quando si contraeva matrimonio normalmente le due famiglie, o i due sposi, davano delle contribuzioni di carattere patrimoniale per il sostentamento dell'onere del matrimonio: la moglie apportava la dote, il marito la *donatio propter nuptias* (per consuetudine equivalenti). I beni dotali o della *donatio propter nuptias* potevano essere beni mobili e beni immobili (case, fondi, feudi, etc.). Secondo il Diritto Romano questi beni erano inalienabili in quanto **vincolati ad uno scopo**. Eppure potevano esserci delle circostanze che inducevano gli sposi o alle famiglie di alienare questi beni: c'erano però casi in cui questi fatti avvenivano.

I notai dell'epoca in vero escogitarono una soluzione. Il Papa rispose: "*Poiché accade nella tua diocesi che in costanza di matrimonio le mogli consentano di non alienare le donazioni e le doti confermando con il proprio giuramento di non fare venire meno col proprio consenso, e accadendo pure che sciolto il matrimonio* (per morte o nullità) *le vedove o nubili cercano di contravvenire, tu* (Vescovo) *ci chiedi se questo sia possibile. Per non dare alito allo spergiuro le mogli devono osservare il giuramento istituito in tali circostanze altrimenti commettono peccato, ma quanto il giuramento sia stato prestato senza violenza e senza dolo, spontaneamente e secondo verità, purché questo giuramento non ridondi, non causi pregiudizio a terzi, e che se osservato non porti pregiudizio all'anima di chi giura."*

La soluzione escogitata dai notai prevedeva che il marito si portava la moglie dal notaio e la faceva partecipare all'atto facendogli giurare il consenso non facendolo revocare mai. Non è conoscibile il Diritto medievale prescindendo dall'*utrumque ius*. I casi inerenti all'*utrumque ius* si ripetevano continuamente, soprattutto in Francia. Nel *Liber Sextus* nel titolo *"De iure iurando"* c'è un caso inerente alla medesima fattispecie: il Papa interviene perché i Vescovi si erano resi conto che le donne non osservavano i giuramenti ed i giudici francesi davano loro ragione mettendo in pericolo l'anima di coloro che prestavano giuramento e venivano meno: *"Poiché tuttavia alcuni giudici secolari danno loro ascolto contro queste suddette alienazioni e sebbene a loro consti in modo legittimo di questo giuramento, noi tuttavia desiderando porre un freno al pericolo delle anime, stabiliamo che l'osservanza sia estesa anche ai giudici civili* (i giudici civili si fanno responsabili delle anime dei fedeli).".

L'intervento del Papa è volto a garantire l'osservanza del Diritto Canonico: il Diritto Civile subisce la flessione del Diritto Canonico. Dal '200 fino al '700 i tribunali sono pieni di questi casi, soprattutto in tema di usura.

Sommario